Abd

Modélisation Bidimensionnelle de la Décharge Luminescente

Abdelaziz Bouchikhi

Modélisation Bidimensionnelle de la Décharge Luminescente

Schéma des différences finies à flux exponentiel dans une configuration cartésiennes

Éditions universitaires européennes

Mentions légales / Imprint (applicable pour l'Allemagne seulement / only for Germany)
Information bibliographique publiée par la Deutsche Nationalbibliothek: La Deutsche Nationalbibliothek inscrit cette publication à la Deutsche Nationalbibliografie; des données bibliographiques détaillées sont disponibles sur internet à l'adresse http://dnb.d-nb.de.
Toutes marques et noms de produits mentionnés dans ce livre demeurent sous la protection des marques, des marques déposées et des brevets, et sont des marques ou des marques déposées de leurs détenteurs respectifs. L'utilisation des marques, noms de produits, noms communs, noms commerciaux, descriptions de produits, etc, même sans qu'ils soient mentionnés de façon particulière dans ce livre ne signifie en aucune façon que ces noms peuvent être utilisés sans restriction à l'égard de la législation pour la protection des marques et des marques déposées et pourraient donc être utilisés par quiconque.

Photo de la couverture: www.ingimage.com

Editeur: Éditions universitaires européennes est une marque déposée de
Südwestdeutscher Verlag für Hochschulschriften GmbH & Co. KG
Heinrich-Böcking-Str. 6-8, 66121 Sarrebruck, Allemagne
Téléphone +49 681 37 20 271-1, Fax +49 681 37 20 271-0
Email: info@editions-ue.com

Produit en Allemagne:
Schaltungsdienst Lange o.H.G., Berlin
Books on Demand GmbH, Norderstedt
Reha GmbH, Saarbrücken
Amazon Distribution GmbH, Leipzig
ISBN: 978-3-8381-8116-5

Imprint (only for USA, GB)
Bibliographic information published by the Deutsche Nationalbibliothek: The Deutsche Nationalbibliothek lists this publication in the Deutsche Nationalbibliografie; detailed bibliographic data are available in the Internet at http://dnb.d-nb.de.
Any brand names and product names mentioned in this book are subject to trademark, brand or patent protection and are trademarks or registered trademarks of their respective holders. The use of brand names, product names, common names, trade names, product descriptions etc. even without a particular marking in this works is in no way to be construed to mean that such names may be regarded as unrestricted in respect of trademark and brand protection legislation and could thus be used by anyone.

Cover image: www.ingimage.com

Publisher: Éditions universitaires européennes is an imprint of the publishing house
Südwestdeutscher Verlag für Hochschulschriften GmbH & Co. KG
Heinrich-Böcking-Str. 6-8, 66121 Saarbrücken, Germany
Phone +49 681 3720-310, Fax +49 681 3720-3109
Email: info@editions-ue.com

Printed in the U.S.A.
Printed in the U.K. by (see last page)
ISBN: 978-3-8381-8116-5

TABLE DES MATIERES

INTRODUCTION 1

CHAPITRE I   Généralités sur les décharges luminescentes........ 5
   I-1   Introduction.. 5
   I-2   Décharge luminescente à électrodes planes parallèles 6
      I-2-1   Généralités sur la décharge luminescente 6
      I-2-2   Caractéristique courant-tension 10
   I-3   Modèles autocohérents d'un plasma froid hors équilibre 12
      I-3-1   Modèle électrique autocohérent : Représentation
             mathématique 13
         I-3-1-1   Modèle particulaire 14
         I-3-1-2   Modèle fluide 14
         I-3-1-3   Modèle hybride fluide–particulaire 16
   I-4   Conclusion 17

**CHAPITRE II   Présentation du modèle numérique 2D de la
                 décharge luminescente dans l'argon** 19
   II-1 Introduction 19
   II-2 Equation de Boltzmann et ses moments 20
      II-2-1   Equation de continuité 20

II-2-2	Equation de transfert de la quantité de mouvement	21
II-2-3	Fermeture du système d'équations des moments	21
II-2-4	Equation de Poisson	23
II-2-5	Modèle hydrodynamique	23
II-3	Modèle physique	24
II-3-1	Conditions initiales et aux limites	25
II-3-2	Données de base pour l'argon atomique	25
II-3-2-1	Coefficient d'Ionisation	26
II-3-2-2	Coefficient de recombinaison	26
II-3-2-3	Mobilités électronique et ionique	26
II-3-2-4	Coefficient de diffusion ionique et électronique ...	26
II-3-2-5	Coefficient d'émission secondaire à la cathode...	27
II-4	Discrétisation de l'équation de transport en 2D	27
II-5	Discrétisation de l'équation de Poisson EN 2D	30
II-5-1	Résolution de l'équation de Poisson par la méthode de sur-relaxation	31
II-5-2	Résolution de l'équation de Poisson à l'aide de la Transformée de Fourier Rapide (FFT)	33
II-5-3	Test de comparaison entre la FFT et la sur-relaxation...	35
II-6	Organigramme synoptique de la décharge luminescente en 2D..	39
II-7	Conclusion	39
CHAPITRE III	**Propriétés d'une décharge luminescente entretenue avec un terme source constant**	41
III-1	Introduction..	41
III-2	Comportement électrique d'une décharge luminescente avec un terme source d'ionisation constant	42
III-2-1	Distribution des densités électronique et ionique	43
III-2-2	Distribution spatiale du potentiel, du champ électrique et du terme source net........................	46
III-3	Test de validité du modèle fluide 2D	47
III-4	Etude des propriétés d'une décharge luminescente dans l'argon	54
III-4-1	Effet de la tension appliquée	54
III-4-1-1	Influence de la tension appliquée sur les distribution spatiales des densités électronique et ionique	54

III-4-1-2   Influence de la tension appliquée sur les distributions spatiales du potentiel et du champ électrique... 59

III-4-2   Effet de la pression du gaz 66

III-4-2-1   Influence de la pression sur les distributions spatiales des densités électronique et ionique 66

III-4-2-2   Influence de la pression sur les distributions spatiales du potentiel et des champs électriques longitudinal et transversal 71

III-5   Conclusion 76

CHAPITRE IV   Etude terminologique de la décharge luminescente en présence d'un terme d'ionisation constant 79

IV-1   Introduction 79

IV-2   Etude terminologie de la décharge luminescente 80

IV-2-1   Décharge luminescente subnormale 81

IV-2-2   Décharge luminescente anormale 83

IV-3   Conclusion 89

CONCLUSION 91

REFERENCES BIBLIOGRAPHIQUES 95

INTRODUCTION

Le domaine de l'ingénierie des plasmas froids s'est développé durant les dernières décennies pour couvrir un grand nombre d'applications [27][28][29][30][31][32] dont les retombées économiques sont fort importantes. Les plasmas des décharges froides qu'elles soient luminescentes ou couronnes sont caractérisés par un rapport entre la température des électrons et celle du gaz, compris entre 1000 et plus. Cette absence d'équilibre entre les deux températures permet d'obtenir un plasma dans lequel la température du milieu gazeux peut être voisine de la température ambiante alors que des électrons peuvent y acquérir des énergies suffisamment élevées pour faire avec les molécules et/ou les atomes du gaz, des collisions inélastiques d'ionisation, d'attachement et d'excitation. Les propriétés thermodynamiques de ces plasmas froids rendent alors les décharges de ce type particulièrement bien adaptées pour le traitement de surface de matériaux sensibles à la chaleur tels que les polymères.

Le travail de recherche que nous avons effectué dans le groupe 3 "Modélisation de déchargés électriques" qui fait partie du Laboratoire de Modélisation des Systèmes Electrotechniques et Systèmes Experts (LMSE), à la Faculté de Génie Electrique, Département d'Electrotechnique, et en coopération scientifique dans le cadre de l'accord programme DEF-CNRS avec le Centre de Physique des Plasmas et de leurs Application de Toulouse (CPAT) est consacré à la simulation numérique bidimensionnelle des propriétés électriques d'une décharge luminescente dans l'argon entre deux électrodes planes et parallèles. A cet effet, nous avons effectué les taches suivantes: Une étude des propriétés de la décharge dans laquelle nous avons pu étudier l'influence de la pression et de la tension. Une étude terminologique qui a porté sur la détermination des caractéristiques de la décharge dans les trois régimes subnormal, normal et anormal.

Le premier chapitre présente les généralités sur une décharge luminescente dans une configuration géométrique cartésienne avec l'introduction de la terminologie qui facilite la discussion des résultats. Les modèles utilisés pour la description de notre décharge et les différentes approximations qu'ils impliquent sont mentionnés.

Le deuxième chapitre est consacré à la présentation et la description détaillée des modèles physique et numérique utilisés dans notre travail. Le modèle développé utilise une approche macroscopique (fluide). Le schéma de résolution est basé sur la méthode de la sur-relaxation pour la résolution

2

de l'équation de transport, et la méthode de la FFT pour la résolution de l'équation de Poisson. Sont également présentées les conditions aux limites, les données de base, et les paramètres d'entrée.

Le chapitre trois concerne l'étude du comportement de la décharge luminescente dans la configuration citée plus haut. A cet effet nous verrons les distributions spatiales des différentes caractéristiques (densités, potentiel, champ et terme source net) pour l'état stationnaire. Dans le but de valider notre code numérique, un test de validité est effectué par comparaison de nos résultats avec ceux issus de la littérature.

Nous avons également mené une étude sur les propriétés de la décharge luminescente dans laquelle nous avons constaté les effets de la tension et de la pression pour l'état stationnaire.

Le chapitre quatre est consacré à l'étude terminologique du comportement électrique de la décharge luminescente dans les régimes subnormal, normal, et anormal. Dans cette partie du mémoire, nous avons présenté les distributions spatiales du potentiel, du champ des densités ionique et électronique, et du terme source d'ionisation net. Une étude comparative entre les différents régimes de la décharge est proposée à la fin de ce chapitre.

CHAPITRE I   GENERALITES SUR LES DECHARGES LUMINESCENTES

I-1 Introduction

Dans la nature, les plasmas constituent le quatrième état de la matière après les états solides et gazeux. Le terme plasma a été introduit par Langmuir pour désigner le gaz ionisé produit dans une décharge électrique.

On parle de décharge électrique pour décrire tout mécanisme de passage du courant dans un gaz. Le terme de décharge doit son origine au fait que la première méthode d'obtention de ces courants a été la décharge de condensateurs à air. Il est resté communément employé par la suite, même en l'absence de transfère effectif de charge.

De nos jours, les décharges électriques dans les gaz suscitent un regain d'intérêt qui tient à leurs applications potentielles ou déjà mises en œuvre au laboratoire ou dans l'industrie. Ces applications utilisent tout ou une partie des espèces présentes dans le plasma: électrons, ions, espèces neutres réactives qui sont les agents d'une physico-chimie de volume ou de surface peu coûteuse en énergie.

Les progrès réalisés simultanément dans la modélisation numérique et dans les techniques de caractérisation expérimentale rendent plus aisé aujourd'hui le choix d'une décharge et la maîtrise de sa phénoménologie, en fonction du but de recherche.

I-2 Décharge luminescente à électrodes planes parallèles

Le but de ce chapitre est de décrire les propriétés macroscopiques d'une décharge luminescente à électrodes planes parallèles et d'introduire la terminologie pour faciliter la discussion des résultats.

I-2-1 Généralités sur la décharge luminescente

Visuellement, la décharge luminescente à l'état stationnaire se compose de plusieurs régions lumineuses de couleurs et d'intensités, qui sont séparées par les régions sombres. Cette structure est la conséquence de la cinétique électronique et ionique dans la distribution du champ électrique qui existe dans l'espace inter-électrodes comme nous allons le voir dans le chapitre III et IV.

La figure (I-1) montre, pour une décharge luminescente typique dans un tube à décharge à électrodes planes parallèles, les distributions de l'intensité de la lumière émise, du potentiel, du champ électrique, de la densité de charge d'espace, des densités de particules chargées et de la densité de courant, le long de l'axe du tube. On distingue également dans l'espace inter-électrodes la région cathodique, l'espace sombre de Faraday, la colonne positive et la région anodique [1].

La décharge luminescente est entretenue par les électrons secondaires qui sont émis de la cathode bombardée par les ions, les atomes métastables, les atomes neutres rapides et les photons. Ces électrons sont émis avec des énergies faibles, et ils ne peuvent exciter et ioniser le gaz qu'après avoir parcouru une certaine distance. Cette distance est nécessaire pour qu'ils puissent gagner suffisamment d'énergie dans la chute de potentiel (typiquement quelques centaines de volts) dans la gaine cathodique.

Il en résulte une couche sombre qui apparaît en face de la cathode, dite l'espace sombre cathodique (parfois on observe une certaine structure de cette région avec une ou plusieurs couches faiblement lumineuses). Les électrons, accélérés dans la gaine, dissipent leur énergie dans les collisions inélastiques principalement dans la lueur négative, qui suit l'espace sombre cathodique. Les ions, créés par collisions ionisantes électron-neutre, sont tirés par le champ vers la cathode, frappent sa surface et provoquent ainsi l'émission des électrons secondaires avec un taux de 10^{-3}-10^{-1} électrons pour un ion incident.

La lueur négative est la partie la plus brillante de la décharge. Le mécanisme de la lueur négative est entretenu par les électrons rapides provenant de la gaine, et sa longueur correspond à la distance de relaxation de l'énergie de ces électrons. La partie de la décharge comportant l'espace sombre cathodique et la lueur négative est appelée région cathodique. Ses propriétés ne dépendent pas de la longueur de la décharge en supposant qu'elle n'est pas trop courte. En diminuant la distance inter–électrodes en dessous de la longueur de la région cathodique, la lueur négative disparaît progressivement et le potentiel aux bornes de la décharge augmente brusquement.

Si la distance entre les électrodes est plus longue que la région cathodique et s'il existe des pertes de particules chargées (diffusion vers la paroi, recombinaison, attachement), une région appelée colonne positive apparaît. C'est la partie de la décharge dont la fonction unique est de fermer le circuit électrique entre la région cathodique et l'anode. Le plasma de la colonne positive est déterminé par les processus locaux et ne dépend pas de la situation prés des électrodes, contrairement au mécanisme de la lueur négative. L'interface entre la lueur négative et la colonne positive est une zone sombre, dite l'espace sombre de Faraday.

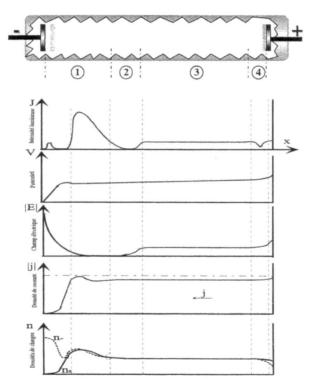

Figure (I.1) : Classification d'une décharge luminescente à électrodes planes parallèles : (1) la région cathodique (2) l'espace sombre de Faraday, (3) la colonne positive et (4) la région anodique.

Il existe une charge d'espace négative devant l'anode avec une chute de potentiel de l'ordre du potentiel d'ionisation du gaz. Les électrons qui sont accélérés dans la chute anodique doivent fournir, dans la colonne positive, des ions dont le courant est égal au courant ionique sortant de la colonne à côté de la zone cathodique. On distingue l'espace sombre anodique et la lueur anodique en face de l'anode.

Le champ électrique axial diminue presque linéairement dans la gaine, il est faible dans la région de la lueur négative. Dans ce cas, le courant de décharge est maintenu par un flux de diffusion dû au gradient élevé de densité du plasma du côté anodique. Le champ axial commence à croître dans l'espace de Faraday jusqu'à une valeur caractérisant la colonne positive, qui s'ajuste de manière à ce que le taux de création de particules chargées par ionisation locale compense le taux de pertes (diffusion vers la paroi, recombinaison, attachement).

La condition d'auto-entretien de la décharge, en supposant qu'il n'y a pas de pertes de particules chargées due à la diffusion radiale, l'attachement ou la recombinaison, s'écrit sous la forme suivante:

$$M = 1 + \frac{1}{\gamma} \tag{I.1}$$

Où

$$M = \exp(\int_{0}^{d} \alpha(x)dx) \tag{I.2}$$

M définit la multiplication électronique (égale au nombre d'électrons sur l'anode dû à un électron émis de la cathode), d est la distance entre les électrodes, α et γ sont respectivement le premier et le deuxième coefficient de Townsend [2].

La situation est plus compliquée en 2D, où les effets bidimensionnels (pertes radiales de particules chargées) jouent un rôle important sur le comportement de la décharge luminescente.

I-2-2 Caractéristique courant- tension

Le comportement électrique d'une décharge luminescente est caractérisé par la courbe tension–courant de l'état stationnaire. La caractéristique typique, pour une configuration des électrodes planes et parallèles est montrée schématiquement sur la figure (I.2).

La partie BC correspond à la décharge dite décharge de Townsend ou décharge sombre. La charge d'espace est faible et ne suffit pas encore à rendre inhomogène de manière significative le champ dans l'espace inter–électrodes. L'ionisation et/ou l'excitation du gaz est faible, de ce fait on n'observe pas d'émission de lumière appréciable provenant de la décharge.

La décharge luminescente, qui fait principalement l'objet de mon étude, occupe le domaine CDEFG de la courbe courant-tension. Dans la littérature, on distingue trois régimes différents selon la pente de la caractéristique : la décharge luminescente subnormale (partie négative CD), la décharge luminescente normale (partie plate EF) et la décharge luminescente anormale (partie positive FG).

La densité de courant devient suffisante au voisinage du point C pour que la charge d'espace commence à modifier le champ électrique. L'ionisation et/ou l'excitation du gaz dans le champ modifié est plus efficace et si intense que la décharge devient visible. La résistance du gaz diminue et une tension aux bornes de la décharge plus faible est suffisante pour que la décharge soit auto–entretenue. La pente de la caractéristique est donc négative dans le régime subnormal.

La tension ne change que légèrement tandis que le courant croît considérablement dans le régime normal. Seule une partie de la cathode est couverte par la décharge. Avec une augmentation du courant, la décharge s'étend radialement et couvre progressivement toute la surface cathodique. La propriété la plus remarquable du régime normal est que la densité du courant reste pratiquement constante sur l'axe de la décharge pendant son expansion radiale.

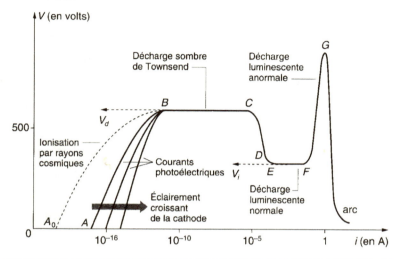

Figure (I.2) : *Caractéristique tension-courant d'une décharge à électrodes planes et parallèles (AB) décharge non autonome, (BC) décharge de Townsend, (CD) décharge luminescente subnormale, (EF) décharge luminescente normale, (FG) décharge luminescente anormale, (G → arc) transition à l'arc.*

Lorsque la décharge couvre toute la cathode, l'augmentation du courant nécessite une tension aux bornes de la décharge plus grande pour intensifier les processus d'émission secondaire sur la cathode et la caractéristique tension–courant devient positive dans le régime anormal. L'augmentation de tension est liée également à l'augmentation des pertes, notamment dans la colonne positive.

La décharge s'étend dans la direction axiale vers la cathode en diminuant, ainsi l'épaisseur de la gaine et la zone lumineuse est de plus en plus proche de la surface cathodique. La décharge luminescente est entretenue uniquement par les électrons secondaires qui sont émis de la cathode bombardée par des particules lourdes (ions).

11

I-3   Modèles autocohérents d'un plasma froid hors équilibre

Les premiers modèles qui ont tenté de décrire la physique d'une décharge luminescente sont les modèles analytiques apparaissant dans les années trente et quarante. Ces théories ont permis d'obtenir les relations entre la chute de potentiel dans la région cathodique V_c, la longueur de la région cathodique d_c et la densité de courant de décharge j dans le régime anormal. Les chercheurs ont établi des relations analytiques entre V_c , d_c et j en supposant la distribution linéaire du champ électrique dans la gaine cathodique, fait déduit de l'expérience. Les premiers modèles, ainsi que les modèles analytiques développés ultérieurement ont rendu possible la compréhension des caractéristiques individuelle de la décharge. La description de la décharge dans son ensemble et la compréhension plus approfondie nécessite la simulation numérique.

Après les premiers résultats numériques sur l'effet de la charge d'espace sur la caractéristique courant-tension [2] et sur les caractéristiques de la région cathodique publiés par Ward [3], l'intérêt et l'effort fournis dans ce domaine redoublent grâce aux nouvelles applications industrielles.

Il s'agit surtout de l'utilisation des décharges et plasmas radiofréquences pour le dépôt et la gravure en micro-électronique. L'accès aux ordinateurs performants a stimulé le développement des modèles numériques permettant la description et les prédictions de plus en plus précises et la compréhension des phénomènes physiques inexpliqués jusqu'à présent.

La description d'une décharge dans son ensemble est un problème extrêmement difficile dû à la complexité des phénomènes mis en jeu et à leur couplage. Il faut tenir compte du couplage entre le transport des particules chargées et le champ électrique (les particules chargées se déplacent dans le champ qui dépend lui même de leurs densités). Cette première étape du modèle est désignée par le modèle électrique autocohérent. Le modèle devrait également considérer, pour les densités de courant élevées

12

l'échauffement du gaz et le changement de sa composition (création des métastables, produits de dissociation). Il faut décrire les interactions de toutes les espèces, y compris des photons, au sein du plasma et le transport des particules chargées doit être couplé avec la cinétique des neutres.

Bien que la mise au point d'un modèle mathématique sans hypothèses simplificatrices soit possible, les moyens actuels de calcul et les données de base ne permettent pas encore de considérer ce modèle complet. Dans la pratique, on est obligé de faire de nombreuses approximations physiques et de trouver une représentation simplifiée mais réaliste du problème à étudier, des phénomènes physiques qui peuvent intervenir pour que le problème puisse être résolu. Les paragraphes suivants présentent les différentes modèles et approximations qui sont utilisés actuellement.

I-3-1 Modèle électrique autocohérent : représentation mathématique

Un modèle électrique autocohérent consiste à décrire le couplage entre les phénomènes de transport des particules chargées et le champ électrique. Idéalement, le transport des particules dans une décharge est décrit par l'équation de Boltzmann qui détermine la fonction de distribution $f(\vec{r}, \vec{v}, t)$ des vitesses $\vec{v}$, des particules au point $\vec{r}$ de l'espace et à l'instant t.

$$\frac{\partial f}{\partial t} + \vec{v}\frac{\partial f}{\partial \vec{r}} + \frac{\vec{F}}{m}\frac{\partial f}{\partial \vec{v}} = (\frac{\partial f}{\partial t})_{coll} \qquad (I.3)$$

Où $\vec{F}(\vec{r}, t)$ est la force extérieure qui agit sur les particules de masse m et le terme source $(\partial f/\partial t)_{coll}$ représente les collisions électron-neutre, ion- neutre (et éventuellement les collisions coulombiennes si l'équation de Boltzmann est complétée par le terme de Fokker–Planck). De la fonction de distribution peuvent être déduites les variations spatio-temporelles des grandeurs moyennes (densité, vitesse de dérive, énergie, etc....) ainsi que les fréquences moyennes des différents processus de collisions (par exemple fréquence d'ionisation). Les équations de Boltzmann pour les ions et les électrons doivent être couplées à l'équation de Poisson qui détermine le champ électrique en supposant que la densité de charge d'espace $\rho(\vec{r},t)$ est connue.

$$\nabla \vec{E}(\vec{r},t) = -\frac{\rho(\vec{r},t)}{\varepsilon_0} \tag{I.4}$$

Selon le degré d'approximation des phénomènes physiques (de l'équation de Boltzmann) on distingue trois catégories de modèles décrits ci–dessous: modèles microscopiques, modèles fluides et modèles hybrides.

I-3-1-1 Modèle particulaire

Dans un modèle particulaire, on résout simultanément, et sans faire d'hypothèses simplificatrices, l'équation de Boltzmann pour la fonction de distribution des particules chargées et l'équation de Poisson pour le champ électrique. L'équation de Boltzmann sous sa forme spatio-temporelle (I.3) peut être résolue de façon pratique à l'aide des méthodes particulaires de types Monte Carlo [4]. Dans les méthodes microscopiques, on considère un ensemble représentatif de particules (typiquement de l'ordre 10^2-10^5) et on suit leur trajectoire dans l'espace des phases en traitant les collisions de façon statique et en intégrant les équations classiques du mouvement entre deux collisions. Cette approche est idéale du point de vue physique. L'inconvénient majeur des méthodes particulaires est le temps de calcul prohibitif.

I-3-1-2 Modèle fluide

On se contente souvent d'une description moins détaillée que celle issue du modèle microscopique. La simplification classique consiste à remplacer l'équation de Boltzmann par un nombre fini d'équations de transport pour les variables macroscopiques. Ces équations sont obtenues en prenant les premiers moments de l'équation de Boltzmann dans l'espace des vitesses.

L'équation de Boltzmann est équivalente à un nombre infini d'équations de transport. En général, on ne considère que les deux ou trois premières équations (l'équation de continuité, l'équation de transport de quantité de mouvement et l'équation d'énergie). Pour fermer le système, on est obligé de faire des hypothèses sur les moments d'ordre supérieur et sur la fonction de distribution (pour calculer les fréquences moyennes de collisions). Les hypothèses Les plus couramment utilisées sont décrites brièvement ci-dessous:

Approximation du champ électrique local : Cette approximation suppose que la fonction de distribution au point $\vec{r}$ et à l'instant t ne dépend que du champ électrique local réduit E/N. En d'autres termes, le gain d'énergie des particules sous l'effet du champ électrique est compensé localement (dans l'espace et dans le temps) par les pertes dues aux collisions. L'avantage de cette approche est que tous les coefficients de transport et fréquences moyennes de collisions peuvent être déduites de l'expérience (ou calculées) sous la condition du champ électrique uniforme. L'approximation n'est valable que pour certains cas restrictifs quand la variation du champ électrique sur la distance de relaxation d'énergie des particules chargées est faible. Une étude monodimensionnelle dans le cas d'un décharge luminescente a été effectuée par Meyyappan et Kreskosvsky [5], Yanallah [6] et Pedoussat [7]. Cette approche a été utilisée par Bœuf [8] pour étudier la transition entre les décharges normales et anormales dans le cas d'une géométrie cartésienne bidimensionnelle. La discussion des différents comportements de décharge a été effectués par Fiala [9].

Approximation de l'énergie moyenne locale : On suppose que toutes les grandeurs moyennes ne dépendent que de l'énergie moyenne locale des particules. Autrement dit, la fonction de distribution est complètement déterminée par la densité et l'énergie moyenne locale électronique ou ionique (par exemple une distribution maxwellienne). Cette hypothèse est raisonnable pour la colonne positive d'une décharge luminescente mais elle n'est pas valable dans la région cathodique. L'énergie moyenne est principalement déterminée par les électrons tandis que l'ionisation dans la lueur négative ne dépend que de la queue de la fonction de distribution et ne peut donc pas être fonction de l'énergie moyenne. Cette approche était adaptée par Schmitt et al [10] et Belenguer et Bœuf [11], qui utilisent les trois premiers moments de l'équation de Boltzmann et supposent que la fonction de distribution est maxwellienne pour les électrons.

Modèle à deux (plusieurs) groupes d'électrons: On suppose que la fonction de distribution électronique est composée de deux parties. Une partie représente les électrons rapides qui forment un faisceau mono énergétique (décrit par l'équation de continuité et l'équation d'énergie) tandis que les électrons moins énergétiques du plasma, formant le corps de la fonction de distribution, sont traités par l'approximation du champ électrique local ou de l'énergie moyenne locale (décrit par l'équation de continuité et l'équation de transfert de quantité de mouvement). Ce modèle surestime la pénétration des électrons rapides ainsi que leur ionisation dans la lueur négative (ils forment le faisceau mono énergétique) mais donne des résultats physiquement raisonnables. Le modèle à plusieurs groupes d'électrons apporte une amélioration qui permet de tenir compte de la distribution énergétique des électrons rapides.

Il est également possible d'utiliser une description microscopique pour le traitement des électrons rapides. On parle d'un modèle hybride fluide-particulaire.

I-3-1-3 Modèle hybride fluide–particulaire

Le problème principal, associé au modèle basé sur les moments de l'équation de Boltzmann, est de trouver une description réaliste du terme source d'ionisation due aux électrons énergétiques. Cet obstacle est surmonté en utilisant le modèle hybride. Dans ce type de modèle, on traite les propriétés des électrons rapides de façon microscopique tandis que les électrons froids du plasma sont décrits par les équations fluides sous l'approximation du champ électrique local ou de l'énergie moyenne locale.

I-4 Conclusion

Nous avons effectué dans ce chapitre une recherche bibliographique sur les généralités décrivant le comportement de la décharge luminescente à électrodes planes et parallèles à l'état stationnaire. Nous avons vu que ce type de décharges présente trois régimes qui sont : le régime subnormal, le régime normal, et le régime anormal. Une étude terminologique sur ces trois régimes va être effectuée dans le chapitre IV. Nous avons aussi introduit dans ce chapitre les modèles physique qui décrivent la décharge luminescente. Il s'agit des modèles fluide, particulaire et hybride. Dans le chapitre suivant, nous allons présenter le modèle fluide utilisé pour la simulation bidimensionnelle de la décharge luminescente dans l'argon.

II-1 Introduction

Le modèle utilisé dans ce travail appartient au groupe des modèles fluides, il s'agit d'un modèle électrique bidimensionnel qui décrit le comportement électrique des décharges non thermiques en donnant les distributions spatiales des densités des particules chargées et du champ électrique. On peut déduire de ces distributions le courant de la décharge, la puissance dissipée dans le gaz, etc. Ce modèle permet donc d'accéder à une meilleure compréhension et optimisation des processus technologiques basés sur l'utilisation des plasmas froids.

II-2 L'équation de Boltzmann et ses moments

Pour étudier la cinétique des ions et des électrons dans un gaz faiblement ionisé, on utilise 1'équation de Boltzmann. Soit $x(\vec{v})$ une propriété des particules. On obtient l'équation de transport (II.2) en intégrant l'équation de Boltzmann (I.3) dans l'espace des vitesses, après l'avoir multiplié par $x(\vec{v})$:

$$\int(\frac{\partial f}{\partial t} + \vec{v}\frac{\partial f}{\partial \vec{r}} + \vec{g}\frac{\partial f}{\partial \vec{v}})x(\vec{v})d\vec{v} = \int(\frac{\partial f}{\partial t})_{coll}x(\vec{v})d\vec{v} \qquad (II.1)$$

où $\vec{g}$ est le vecteur accélération. En tenant compte de l'indépendance des grandeurs considérées par rapport à 1'espace et au temps, 1'équation (II.1) peut s'écrire:

$$\frac{\partial}{\partial t}(n<x(\vec{v})>) + \frac{\partial}{\partial \vec{r}}(n<x(\vec{v})\vec{v}>) - gn<\frac{\partial}{\partial \vec{v}}x(\vec{v})> = \int(\frac{\partial f}{\partial t})_{coll}x(\vec{v})d\vec{v} \qquad (II.2)$$

On peut encore écrire le terme de collision de la façon suivante:

$$\int(\frac{\partial f}{\partial t})_{coll}x(\vec{v})d\vec{v} = \frac{\partial}{\partial t}(n<x(\vec{v})>)_{coll} \qquad (II.3)$$

II-2-1 Equation de continuité

Cette équation, permettant d'obtenir un modèle d'ordre zéro, est donc obtenue en remplaçant $x(\vec{v})$ par m dans 1'équation (II.2):

$$\frac{\partial n}{\partial t} + \frac{\partial n<\vec{v}>}{\partial \vec{r}} = (\frac{\partial n}{\partial t})_{coll} \qquad (II.4)$$

$n=\int f(\vec{r},\vec{v},t)d\vec{v}$ est la densité de particule

$n<\vec{v}>=\int \vec{v}f(\vec{r},\vec{v},t)d\vec{v}$ est le flux de particules où $<\vec{v}>$ est la vitesse moyenne des particules.

$(\partial n/\partial t)_{coll}$ est le terme source lié aux processus de disparition et de création de 1'espèce de particule considérée.

Ce modèle a été utilisé de nombreuses fois pour la modélisation des décharges luminescentes mais il ne peut rendre compte correctement des phénomènes qui se passent dans la lueur négative ou dans la colonne positive de la décharge car la diffusion y joue un rôle non négligeable. On associe alors à cette équation de continuité 1'équation de transfert de la quantité de mouvement pour obtenir un modèle plus complet

II-2-2 Equation de transfert de la quantité de mouvement

Cette équation qui est la base du modèle d'ordre un est obtenue en remplaçant $x(\vec{v})$ par $m\vec{v}$ dans l'équation (II.2).

$$\frac{\partial}{\partial t}<\vec{v}> + <\vec{v}>\frac{\partial}{\partial \vec{r}}<\vec{v}> + \frac{1}{mn}\frac{\partial P}{\partial \vec{r}} - \vec{g} = (\frac{\partial}{\partial}<\vec{v}>)_{coll} \qquad (II.5)$$

P est le tenseur de pression cinétique qui est définit comme suit:

$$p = m\int(\vec{v}-<\vec{v}>)(\vec{v}-<\vec{v}>)fd\vec{v} \qquad (II.6)$$

$$p = mn<\vec{c}\,\vec{c}> \qquad \text{si on note} \qquad \vec{c}=\vec{v}-<\vec{v}> \qquad (II.7)$$

Le tenseur de pression cinétique est nul si toutes les vitesses des particules considérées sont égales à leur vecteur vitesse moyenne.

Le terme de collision $(\partial/\partial<\vec{v}>)_{coll}$ peut s'écrire en fonction de la fréquence de transfert de la quantité de mouvement υ_m. On utilise plus souvent le second moment de 1'équation de Boltzmann qui est obtenu lorsqu'on remplace $x(\vec{v})$ par $m<\vec{v}>/\upsilon_m$. On obtient alors 1'équation suivante si on néglige le terme de dérivée temporelle et l'énergie de dérive devant l'énergie thermique:

$$n<\vec{v}> = n\vec{w} - D\frac{\partial n}{\partial \vec{r}} \qquad (II.8)$$

$m<\vec{v}>$ est le flux de particules.

$n\vec{w}$ est le terme de conduction où $\vec{w}$ est la vitesse de dérive de 1'espèce.

$D\partial n/\partial \vec{r}$ est le terme de diffusion où D est le tenseur de diffusion.

II-2-3 Fermeture du système d'équations des moments

Le système formé par 1'équation de continuité et 1'équation de transfert de la quantité de mouvement n'est pas équivalent à 1'équation de Boltzmann car, pour cela, il faudrait un nombre infini d'équations de moments de Boltzmann. En effet, l'utilisation des deux premiers moments de 1'équation de Boltzmann nous met en face d'un système dont le nombre d'inconnues et supérieur au nombre d'équations. Pour fermer le système, nous sommes obligés d'émettre certaines hypothèses: l'une d'elle est l'hypothèse d'équilibre local. Les coefficients de transport qui permet d'écrire les termes de dérive et de diffusion à un instant donné et en un point donné sont supposés ne dépendre que du champ électrique existant au même instant et au même endroit. Ceci suppose que le gradient temporel et spatial du champ électrique est faible sur des distances du libre parcours moyen des particules. Lorsque cette hypothèse est vérifiée, la description de la décharge peut s'effectuer en utilisant les valeurs des paramètres de transport calculés à 1'équilibre lorsque le champ électrique est constant. Les paramètres de transport dépendent alors de la position et du temps uniquement à travers la variation spatiale et temporelle du champ électrique c'est l'hypothèse du champ local.

Lorsque les gradients de champ sont plus importants, la situation de non équilibre qui résulte nécessite un couplage entre les formalismes macroscopiques et microscopiques. En effet, pour décrire les caractéristiques d'un plasma, le modèle fluide n'est plus suffisant (milieu hors équilibre). Une étude particulaire ou microscopique s'impose en se basant sur la résolution directe de 1"équation de Boltzmann des diverses particules. Ces problèmes de non équilibre ont généralement deux origines:

Un non équilibre spatial ou/et temporel et un non équilibre collisionnel. Dans le premier cas, les coefficients de transport ne dépendent plus de la position ou/et du temps à travers le champ électrique comme dans le cas de l'approximation du champ local. Un couplage avec 1'équation de Boltzmann permettant de tenir compte de ce problème de non équilibre est alors nécessaire. Dans le second cas, les coefficients de transport tabulés sont obtenus dans les conditions standard des expériences de mesure, c'est à

dire à faible degré d'ionisation (sans interactions coulombiennes, super-
élastiques, etc...).

II-2-4 Equation de Poisson

Pour calculer le champ électrique de la charge d'espace, il faut donc une
équation qui relie les inconnues des deux moments de l'équation de
Boltzmann au champ électrique: c'est l'équation de Poisson que l'on écrit en
fonction des densités des espèces négatives (indices e) et des espèces
positives (indices +):

$$\Delta V = -\frac{|e|}{\varepsilon_0}(\sum_+ n_+ - \sum_e n_e) \tag{II.9a}$$

et

$$\vec{E} = -\overrightarrow{grad}V \tag{II.9b}$$

Avec ε_0=8.854 10^{-14} (Farad cm^{-1}) et $|e|$=1.6 10^{-19} (C) sont respectivement la
permittivité du vide et la valeur absolue de la charge élémentaire (les ions
étant supposés mono chargés).

En effet, les particules chargées dans le milieu gazeux sont accélérées par
le champ extérieur appliqué à la décharge. Celui-ci peut provoquer
notamment l'ionisation qui va créer de nouvelles particules chargées.
Lorsque la densité des particules chargées devient suffisamment grande, un
champ de charge d'espace (dû à la présence d'espèces chargée positive et
négative) va s'ajouter au champ extérieur.

II-2-5 Le modèle hydrodynamique

Les deux premiers moments de l'équation de Boltzmann décrits
précédemment, couplés à l'équation de Poisson constituent le modèle fluide
continu d'ordre 1. Ce sont les équations que nous utiliserons dans le cadre
de ce travail pour représenter les phénomènes de transport au sein de la
décharge pour chaque type de particules. On utilise le terme "fluide" car les
particules étudiées (électrons et ions) sont supposées avoir un comportement

moyen pouvant être assimilé à un milieu continu (ou un fluide). Les équations à résoudre sont similaires à celles de la mécanique des fluides qui utilise également des grandeurs moyennes pour décrire les propriétés du milieu, ou à celles utilisées pour le transport des particules chargées dans les semi-conducteurs.

II-3 Modèle physique

Les variables fondamentales de notre modèle physique sont: la densité ionique n_+, la densité électronique n_e et le champ électrique ou plutôt le potentiel V, qui dépendent de deux coordonnées spatiales et du temps. On obtient les variations spatio-temporelles de ces variables par la résolution des équations suivantes: équation de continuité pour les ions positifs (+) et les électrons (e) (cas de l'argon):

$$\frac{\partial n_e}{\partial t} + \nabla j_e = S \tag{II.10}$$

$$\frac{\partial n_+}{\partial t} + \nabla j_+ = S \tag{II.11}$$

Le terme source S rend compte des gains et des pertes de particules chargées par interaction avec les atomes du gaz (ionisation, attachement), ou par interaction des particules entre elles (recombinaison). Les flux ionique j_p et électronique j_e et le flux total j_t sont donnés par les expressions suivantes:

$$j_e = -n_e\mu_e E - D_e\nabla n_e \tag{II.12}$$

$$j_+ = n_+\mu_+ E - D_+\nabla n_+ \tag{II.13}$$

$$j_t = j_e - j_+ \tag{II.14}$$

$$S = S' + n_e\alpha\mu_e E - \beta n_e n_+ \tag{II.15}$$

$$\Delta V = -\frac{|e|}{\varepsilon_0}(n_+ - n_e) \tag{II.16}$$

Avec n_e et n_+, D_e et D_+, μ_e et μ_+, sont respectivement les densités électronique et ionique, le coefficient diffusion des électrons et des ions, la mobilité électronique et ionique. Dans l'équation (II.15) le terme S' représente la terme source de la production uniforme des électrons et des ions et est donné par Lowke et Davies [12]. Ce terme est égal à 3.6 10^{16} (cm^{-3} s^{-1}) dans le régime normal de la décharge. Le coefficient α représente le premier coefficient d'ionisation de Townsend et β est le coefficient de recombinaison des ions de l'argon.

Le schéma numérique adapté dans notre modèle est très similaire à celui décrit par Bœuf [8]. Dans le contexte du transport des électrons est similaire dans les semi-conducteurs [13]. Les flux d'ions et d'électrons sont discrétisés par la méthode des différences finies en utilisant un schéma exponentiel. Le système d'équations est linéarisé et intégré implicitement dans le temps. Cela permet d'avoir un pas en temps d'intégration relativement élevé.

II-3-1 Conditions initiales et aux limites

Dans notre modèle, les densités ionique et électronique sont supposées égales à zéro sur les électrodes, ainsi que la densités initiale des électrons et des ions à cause de la présence dans notre modèle du terme source constant S'. Le potentiel à l'anode (x=d) correspond à la valeur maximale de la tension appliquée Le potentiel à la cathode est nul pour x=0, la température et la pression du système sont constantes et égales respectivement à 293 (°K) et 240 (Torr).

II-3-2 Données de base pour l'argon atomique

Les mobilités des électrons et des ions sont données par Park et Economou [14]. L'expression du coefficient d'ionisation et la valeur du coefficient de recombinaison sont donnés Lowke et Davies [12].

II-3-2-1 Coefficient d'ionisation

La valeur du coefficient d'ionisation en fonction du champ électrique réduit dans le cas de l'argon est définie par l'expression empirique suivante [12]:

$$\frac{\alpha}{N} = 2.9 \ 10^{-17} \ \exp(-1.48 \ 10^{-15} N/E) \qquad (cm^2) \qquad (II.17)$$

Avec N est la densité du gaz à une pression de 240 (torr) et à une température de 293 (°K).

II-3-2-2 Coefficient de recombinaison

Le coefficient de recombinaison des ions Ar^+ dans l'argon est considéré constant par Lowke et Davies [12] dans la gamme d'énergie qui nous intéresse. La valeur de β dans notre modèle de simulation est $8.81 \ 10^{-7}$ $(cm^3 s^{-1})$.

II-3-2-3 Mobilités électronique et ionique

La mobilité des électrons et des ions Ar^+ sont inversement proportionnelle à la densité des neutres dans l'argon. Elles sont données par Park et Economou [14]:

$$N \ \mu_e = 8.5 \ 10^{21} \qquad (V \ cm \ s)^{-1}$$
$$N \ \mu_+ = 3.6 \ 10^{19} \qquad (V \ cm \ s)^{-1}$$

II-3-2-4 Coefficient de diffusion ionique et électronique

Les coefficients de diffusion des électrons et des ions sont considérés comme constants, ne dépendant pas du champ électrique. Comme la mobilité électronique, le coefficient de diffusion des électrons est inversement proportionnelle à la densité de l'argon, il est donné par Park et Economou[14].

Le coefficient de diffusion des électrons dans notre modèle physique est ajusté de façon à ce que l'énergie caractéristique des électrons soit égale à 2 (eV) pour un coefficient de diffusion ND_e pris égale à $1.7 \ 10^{22}$ $(cm^{-1} \ s^{-1})$.

Le coefficient de diffusion des ions Ar^+ dépend inversement de la pression du gaz p. Ce paramètre de transport est donné par Ward [3]. L'énergie caractéristique des ions dans notre étude est $D_+/\mu_+=0.18$ (eV) avec $D_+=2.$ $10^2/p$ (cm^2 s^{-1}).

II-3-2-5   Coefficient d'émission secondaire à la cathode

Le coefficient d'émission secondaire résulte de l'impact des ions, des métastables et des photons sur la cathode. Dans notre étude, on suppose que les électrodes sont parfaitement absorbantes, c'est la raison pour laquelle le coefficient d'émission secondaire est pris égale à zéro.

II-4   Discrétisation de l'équation de transport en 2D

Le schéma numérique adopté dans notre modèle est similaire à celui décrit par Scharfetter et Gummel [13] dans le contexte du transport des électrons dans les semi-conducteurs. Les flux d'ions et d'électrons sont discrétisés par la méthode des différences finies en utilisant un schéma exponentiel. Le système d'équations est linéarisé et intégré implicitement dans le temps. Le pas d'intégration dans le temps est pris constant. Le domaine de la simulation et la molécule de la discrétisation des équations de continuité et transfert de la quantité de mouvement pour les ions et les électrons sont représentés respectivement sur les figures (II.1) et (II.2). Dans ce qui suit maintenant, nous allons vous montrer en détail la discrétisation de l'équation de continuité en deux dimensions. Dans les expressions discrétisées, les indices i, j et k sont respectivement les indices de position x et y, et le temps t.

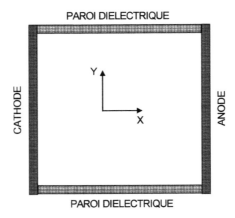

Figure(II.1) : *Domaine de simulation de la décharge luminescente.*

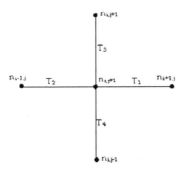

Figure(II-2) : *Représentation d'une maille élemantaire de notre domaine de modélisation*

$$\frac{\partial n(x,y,t)}{\partial t} + \frac{\partial \Phi(x,y,t)}{\partial x} + \frac{\partial \Phi(x,y,t)}{\partial y} = S(x,y,t) \tag{II.18}$$

L'expression (II.18) peut s'écrire, en utilisant la méthode des différences finies:

$$\left.\frac{\partial n(x,y,t)}{\partial t}\right|_{i,j}^{k} = \frac{n_{i,j}^{k+1} - n_{i,j}^{k}}{\Delta t} \tag{II.19}$$

$$\left.\frac{\partial \Phi(x,y,t)}{\partial x}\right|_{i,j}^{k+1} = \frac{\Phi_{i+1/2,j}^{k+1} - \Phi_{i-1/2,j}^{k+1}}{\Delta x} \tag{II.20}$$

$$\left.\frac{\partial \Phi(x,y,t)}{\partial y}\right|_{i,j}^{k+1} = \frac{\Phi_{i,j+1/2}^{k+1} - \Phi_{i,j-1/2}^{k+1}}{\Delta y} \tag{II.21}$$

$$\Phi_{i+1/2,j}^{k+1} = \frac{Y_{i+1,j}^{k+1} - Y_{i,j}^{k+1} \exp\left(\dfrac{w_{i+1/2,j}^{k}}{D_{i+1/2,j}^{k}}\Delta x\right)}{\dfrac{D_{i+1/2,j}^{k}}{w_{i+1/2,j}^{k}}\left(1 - \exp\left(\dfrac{w_{i+1/2,j}^{k}}{D_{i+1/2,j}^{k}}\Delta x\right)\right)} \tag{II.22}$$

$$w_{i+1/2,j}^{k} = \mu_{i+1/2,j}^{k} . E_{i+1/2,j}^{k} \tag{II.23}$$

$$Y_{i+1,j}^{k+1} = n_{i+1,j}^{k+1} . D_{i+1,j}^{k} \tag{II.24}$$

$$E_{i+1/2,j}^{k} = -\frac{V_{i+1,j}^{k} - V_{i,j}^{k}}{\Delta x} \tag{II.25}$$

$$Y_{i,j}^{k+1} = n_{i,j}^{k+1} . D_{i,j}^{k} \tag{II.26}$$

On multiplie le dominateur de l'équation (II.22) par $(\Delta x/\Delta x)$ et on introduit les paramètres (Y, E, T_1, W) on retrouve l'équation suivante:

$$\Phi_{i+1/2,j}^{k+1} = \frac{(n_{i+1,j}^{k+1} . D_{i+1,j}^{k} - n_{i,j}^{k+1} . D_{i,j}^{k} \exp(T_1)).T_1}{\Delta x\left[1 - \exp(T_1)\right]} \tag{II.27}$$

Avec:

$$T_1 = -s\frac{\mu_{i+1/2,j}^{k}}{D_{i+1/2,j}^{k}}\left(V_{i+1,j}^{k} - V_{i,j}^{k}\right) \tag{II.28}$$

De la même manière on calcule les flux $\Phi_{i-1/2,j}^{k+1}$, $\Phi_{i+1/2,j}^{k+1}$ et $\Phi_{i,j-1/2}^{k+1}$

$$\Phi_{i-1/2,j}^{k+1} = \frac{\left(n_{i,j}^{k+1} . D_{i,j}^{k} - n_{i-1,j}^{k+1} . D_{i-1,j}^{k} \exp(T_2)\right).T_2}{\Delta x\left(1 - \exp(T_2)\right)} \tag{II.29}$$

Avec:

$$T_2 = -s\frac{\mu_{i-1/2,j}^{k}}{D_{i-1/2,j}^{k}}\left(V_{i,j}^{k} - V_{i-1,j}^{k}\right) \tag{II.30}$$

$$\Phi_{i,j+1/2}^{k+1} = \frac{\left(n_{i,j+1}^{k+1} . D_{i,j+1}^{k} - n_{i,j}^{k+1} . D_{i,j}^{k} \exp(T_3)\right).T_3}{\Delta y\left(1 - \exp(T_3)\right)} \tag{II.31}$$

Avec:

$$T_3 = -s \frac{\mu_{i,j+1/2}^k}{D_{i,j+1/2}^k} \left(V_{i,j+1}^k - V_{i,j}^k \right) \tag{II.32}$$

$$\Phi_{i,j-1/2}^{k+1} = \frac{\left(n_{i,j}^{k+1}.D_{i,j}^k - n_{i,j-1}^{k+1}.D_{i,j-1}^k \exp(T_4) \right).T_4}{\Delta y \left(1 - \exp(T_4) \right)} \tag{II.33}$$

Avec:

$$T_4 = -s \frac{\mu_{i,j-1/2}^k}{D_{i,j-1/2}^k} \left(V_{i,j}^k - V_{i,j-1}^k \right) \tag{II.34}$$

Sur l'intervalle [x_i, x_{i+1}] ou [y_i, y_{i+1}] on suppose que le coefficient de diffusion et la mobilité sont constants. On regroupe les équations (II.27), (II.29), (II.31), (II.33) dans l'équation (II.18), on déduit le système d'équations suivante:

$$n_{i-1,j}^{k+1} \left[\frac{D_L \exp T_2}{\Delta x^2 (1 - \exp T_2)}.T_2 \right] +$$

$$n_{i,j}^{k+1} \left[\frac{1}{\Delta t} - \frac{D_L \exp T_1}{\Delta x^2 (1 - \exp T_1)}.T_1 - \frac{D_L.T_2}{\Delta x^2 (1 - \exp T_2)} - \frac{D_T \exp T_3}{\Delta y^2 (1 - \exp T_3)}.T_3 - \frac{D_T T_4}{\Delta y^2 (1 - \exp T_4)} \right]$$

$$+ n_{i+1,j}^{k+1} \left[\frac{D_L T_1}{\Delta x^2 (1 - \exp T_1)} \right] + n_{i,j-1}^{k+1} \left[\frac{D_T \exp T_4}{\Delta y^2 (1 - \exp T_4)} \right].T_4 + n_{i,j+1}^{k+1} \left[\frac{D_T T_3}{\Delta y^2 (1 - \exp T_3)} \right] =$$

$$\frac{n_{i,j}^k}{\Delta t} + S_{i,j}^k \tag{II.35}$$

Où:

D_L: coefficient de diffusion longitudinale suivant l'intervalle [x_i, x_{i+1}]

D_T: coefficient de diffusion transversale suivant l'intervalle [y_i, y_{i+1}]

En conclusion de ce paragraphe, le système d'équations (II.35) va être résolu par la méthode sur-relaxation combinée à l'algorithme de Thomas pour les matrices tridiagonales. Nous allons, dans ce qui suit développer cette technique en utilisant l'équation de Poisson.

II-5 Discrétisation de l'équation de Poisson

Dans ce paragraphe, on va discrétiser l'équation de Poisson adaptée à une géométrie cartésienne bidimensionnelle en utilisant la méthode des différences finies. Le système d'équations ainsi obtenu va être résolu par deux méthodes numériques: la méthode de sur-relaxation et la méthode de Transformée de Fourier Rapide (Fast Fourier Transform (FFT)).

$$\Delta V(x,y) = -\frac{e}{\varepsilon_0}(n_+ - n_e) \qquad (II.36)$$

À l'aide de la méthode des différences finies centrées on obtient:

$$\nabla^2 V(x,y) = \frac{\partial^2 V(x,y)}{\partial x^2} + \frac{\partial^2 V(x,y)}{\partial y^2} \qquad (II.37)$$

$$\left.\frac{\partial^2 V(x,y)}{\partial x^2}\right|_{i,j} = \frac{V_{i-1,j} - 2.V_{i,j} + V_{i+1,j}}{\Delta x^2} \qquad (II.38)$$

$$\left.\frac{\partial^2 V(x,y)}{\partial y^2}\right|_{i,j} = \frac{V_{i,j-1} - 2.V_{i,j} + V_{i,j+1}}{\Delta y^2} \qquad (II.39)$$

Donc:

$$\frac{V_{i,j-1} + V_{i,j+1}}{\Delta y^2} + \frac{V_{i-1,j} + V_{i+1,j}}{\Delta x^2} - 2\,V_{i,j}(\frac{1}{\Delta y^2} + \frac{1}{\Delta x^2}) = \rho_{i,j} \qquad (II.40)$$

Avec $\rho_{i,j}$ est la charge nette:

$$\rho_{i,j} = -\frac{e}{\varepsilon_0}(n_{+_{i,j}} - n_{e_{i,j}}) \qquad (II.41)$$

II-5-1   Résolution par la méthode de sur-relaxation

Dans le système (II.40), on suppose que les valeurs $V_{i,j-1}$, $V_{i,j+1}$ sont connues. Elles sont issues d'une première solution arbitraire correspondant à la première itération du système. Le nouveau système obtenu s'écrit en supposant que $\Delta x = \Delta y$:

$$V_{i-1,j} - 4V_{i,j} + V_{i+1,j} = \rho_{i,j}\,\Delta x^2 - V_{i,j-1} - V_{i,j+1} \qquad (II.42)$$

Donc pour chaque valeur de l'indice j, on aura la matrice tridiagonale suivante lorsque i varie. Elle est de la forme classique suivante:

$b_1 V_{2,j} + c_1 V_{3,j} = d_1$

$a_i V_{i-1,j} + b_i V_{i,j} + c_i V_{i+1,j} = d_i$ Avec i=2,3,   ,nx-1   et   j=2,3,   ,ny-1

$a_{nx-1} V_{nx-2,j} + b_{nx-1} V_{nx-1,j} = d_{nx-1}$ $\qquad (II.43)$

31

Les valeurs $V_{1,j}$ et $V_{nx,j}$ sont connues grâce aux conditions aux limites. Les valeurs d_1, d_i et d_{nx-1} sont également connues car les densités de charges sont connues par résolution des équations de transport et les potentiels $V_{i,j-1}$ et $V_{i,j+1}$ sont supposés connus. Le but maintenant est de déterminer les valeurs du potentiel $V_{i,j}$ pour i=2,3,.....nx-1.

Parmi les méthodes de résolution des matrices tridiagonales, les méthodes directes à double balayage sont les plus efficaces. Pour ce faire on utilisera l'algorithme de Thomas [16].

On définit les termes β_i et γ_i tels que:

$$\beta_i = -\frac{c_i}{a_i.\beta_{i-1} + b_i} \qquad \text{Avec} \quad \beta_1 = -\frac{c_1}{b_1}$$

$$\gamma_i = \frac{d_i - a_i\gamma_{i-1}}{a_i.\beta_{i-1} + b_i} \qquad \text{Avec} \quad \gamma_1 = \frac{d_1}{b_1} \qquad\qquad (II.44)$$

De sorte que les valeurs des variables dépendantes s'expriment comme suit: $V_{nx-1,j} = \gamma_{nx-1}$

$$\text{Et} \qquad\qquad V_{i,j} = \gamma_i - \beta_i\ V_{i+1,j} \qquad\qquad (II.45)$$

L'équation (II.44) nous permettons de calculer aisément de proche en proche les couples (β_i, γ_i) en faisant un premier balayage pour l'indice i variant de 2, à nx-1. Puis on effectue, un second balayage qui va nous permettre de déterminer les inconnues $V_{i,j}$ en commençant par $V_{nx-1,j}$ et en progressant par valeurs décroissantes de l'indice i jusqu'à $V_{2,j}$. Ensuite, on passe à la valeur suivante de j. Lorsque toutes les valeurs de j seront considérées, on obtient le potentiel en tout point du domaine de définition.

Cette solution correspond à la première itération. La solution ainsi obtenue est remise dans le membre de droite de l'équation (II.42) afin de donner une nouvelle estimation des potentiels $V_{i,j-1}$ et $V_{i,j+1}$. A chaque itération, la nouvelle estimation converge de plus en plus vers la solution recherchée. On continuera donc les itérations successives jusqu'au degré de convergence souhaité.

Dans le but d'accélérer encore plus la convergence, on utilise un facteur de sur-relaxation ω (d'où le nom de la méthode) compris entre les valeur 1 et 2 qui est en fait un coefficient par lequel on multiplie les potentiels supposés connus ($V_{i,j-1}$ et $V_{i,j+1}$). En général, la valeur de ce facteur ω n'est pas connue. A priori; des essais sont nécessaires pour le déterminer.

II-5-2 Résolution de l'équation de Poisson à l'aide de la Transformée de Fourier Rapide (FFT)

Bien que la méthode de sur-relaxation soit avantageuse par rapport aux méthodes dites classiques, les temps de calcul restent trop important surtout lorsqu'on veut là coupler aux équations de transport en géométrie bidimensionnelle. C'est pourquoi nous nous sommes intéressés à une autre approche de résolution de l'équation de Poissons basée sur l'utilisation de la transformée de Fourier rapide (FFT). Cette méthode est réputée pour sa rapidité et est bien adaptée à l'équation de Poisson. Après discrétisation de cette équation dans une configuration cartésienne bidimensionnelle par la méthode des différences finies et en posant $\Delta x = \Delta y$. L'équation (II.37) s'écrit sous la forme suivante:

$$V_{i-1,j} - 4V_{i,j} + V_{i+1,j} + V_{i,j-1} + V_{i,j+1} = \rho_{i,j}\, \Delta x^2 \qquad (II.46)$$

La résolution de l'équation (II.46) par la méthode FFT [17] se fait à l'aide de l'algorithme suivant:

On considère la matrice $(n \times n)$ dont les entiers (i,j) représente le côté droit de l'équation (II.46). Cette matrice peut être écrite comme le produit de deux matrices

Où V est une matrice $(n \times n)$ et T une matrice tridiagonale symétrique:

$$T = \begin{bmatrix} 2 & -1 & & & & \\ -1 & 2 & -1 & & & \\ & -1 & 2 & -1 & & \\ & & \cdots & \cdots & \cdots & \\ & & & -1 & 2 & -1 \\ & & & & -1 & 2 \end{bmatrix}$$

L'équation de Poisson discrétisée peut se mettre sous la forme suivante:

$$T \times V_{i,j} + V_{i,j} \times T = B \tag{II.47}$$

On pose $T = Q \times \lambda \times Q^{-1}$

Q : Une matrice non singulière connue

Q^{-1} : L'inverse de Q

λ : Une matrice tridiagonale

En remplaçant T par sa valeur dans l'équation (II.47), nous aurons:

$$(Q \times \lambda \times Q^{-1}) \times V_{i,j} + V_{i,j} \times (Q \times \lambda \times Q^{-1}) = B \tag{II.48}$$

Où

$$Q = Q_{i,j} = \sin(i \times j \times \pi /(n+1)) \times \sqrt{(2/(n+1))}$$

Et $\lambda_{j,j} = \lambda_j = 2 \times (1 - \cos(j \times \pi /(n+1))$

On multiplie par Q^{-1} à gauche des 2 termes de l'équation et par Q à droite des 2 termes de l'équation.

On aura:

$$\lambda \times (Q^{-1} \times V_{i,j} \times Q) + (Q^{-1} \times V_{i,j} \times Q) \times \lambda = Q^{-1} \times B \times Q \tag{II.49}$$

En posant:

$$\overline{V}_{i,j} = Q^{-1} \times V_{i,j} \times Q \quad \text{et} \quad \overline{B} = Q^{-1} \times B \times Q$$

L'équation à résoudre devient:

$$\lambda_{i,i} \times \overline{V}_{i,j} + \overline{V}_{i,j} \times \lambda_{j,j} = \overline{B}_{i,j}$$

A partir de là on calcule $\overline{B}$ et $\overline{V}$

Avec

$$\overline{V}_{i,j} = \overline{B}_{i,j} / (\lambda_{i,i} + \lambda_{j,j})$$

Finalement $\overline{B}$ et $\overline{V}$ nous permettent de calculer la distribution du potentiel $V_{i,j}$ à l'aide de l'expression suivante:

$$V_{i,j} = Q \times \overline{V}_{i,j} \times Q^{-1} \qquad (II.50)$$

Après avoir développé dans ce paragraphe l'algorithme de la FFT utilisé dans notre code pour la simulation de la décharge luminescente en 2D, nous allons valider et tester cette technique de la FFT avec la méthode de sur-relaxation.

II-5-3 Test de comparaison entre la FFT et la sur-relaxation

Dans ce paragraphe, nous allons effectuer un test de comparaison entre ces deux techniques numériques pour la résolution de l'équation de Poisson en deux dimensions dans une géométrie cartésienne. Le domaine de simulation comporte deux électrodes planes parallèle séparées d'une distance $x_{max}=1$ (cm). La largeur des électrodes $y_{max}=1$ (cm). L'anode se trouvant à droite est porte à un potentiel $V_{nx,j} = 50$ (Volts) et la cathode est misée à la terre $V_{1,j} = 0$ (Volts). Dans cette exemple d'application, nx et ny représentent respectivement le nombre de points suivant les axes x et y. Dans ce qui suit, on considère que $nx = ny$

Les figures (II-3-a) et (II-3-b) représentent la distribution du potentiel $V(x,y)$ pour une charge nette nulle (résolution de l'équation de Laplace). Le test d'arrêt de la méthode de sur-relaxation est fixé 10^{-6}, autrement dit l'écart relatif entre l'avant dernière et la dernière itération solution est de 10^{-6}, ce qui nous permet d'avoir une précision comparable à la solution obtenue par la méthode de la FFT.

Pour mesurer la puissance de la FFT par rapport aux méthodes dites itératives, on a effectue un test de rapidité entre ces deux méthodes de calcul du potentiel. Les résultats du test sont portés sur le tableau (II.1). Le temps de calcul réduit est calculé à partir du temps de calcul de la FFT. On remarque que le temps de calcul demandé par la méthode de sur-relaxation est plus important par rapport à la FFT au fur est à mesure que les pas d'intégration suivant x et y diminuent.

	Méthode de la FFT	Méthode de sur-relaxation
	Temps de calcul réduit	
nx=ny=50	1.00	34.90
nx=ny=100	1.00	118.70
nx=ny=150	1.00	268.01
nx=ny=200	1.00	317.35

Tableau(II-1) : Comparaison du temps de calcul entre la méthode de la sur-relaxation et la méthode de la FFT pour la résolution de l'équation de Poisson avec une charge nette nulle

A titre d'exemple, Dans le cas où nx=ny=100, le temps de calcul met par la technique de la FFT est égal à 0.454 seconde sur une machine Pentium III 1 GHz, tandis que le temps demandé par la méthode de sur-relaxation est égale 53.89 seconde. Dans cette exemple l'algorithme de la FFT est 118.70 plus rapide que la méthode sur-relaxation pour la résolution de l'équation Poisson.

Nous avons également comparé les résultats des deux méthodes numériques avec une solution analytique présentant les mêmes conditions aux limites. Cette solution se présente ainsi:

$$V(x,y) = \frac{2V_{max}}{\pi} \sum_{n=1}^{\infty} \frac{1-(-1)^n}{n \sinh(n\pi y_{max}/x_{max})} \sinh\left(\frac{n\pi y}{y_{max}}\right) \sin\left(\frac{n\pi x}{x_{max}}\right) \tag{II.52}$$

L'écart relatif en pourcent par rapport à la solution exacte du potentiel est présenté sur les deux figures (II-3-c) et (II-3-d), on remarque que l'écart relatif est quasi nul pour les deux méthodes, sauf à coté de l'anode, où l'écart relatif augmente pour atteindre une valeur 2.45 % pour les deux méthodes.

Nous avons également effectué des comparaisons du temps de calcul lorsque la densité de la charge nette est non nulle. La forme en cloche de cette charge nette représentée sur la figure (II-4-a) est choisie arbitrairement. Les résultats de cette comparaison sont reportés sur le tableau (II-2). On constate que le temps de calcul augmente avec l'augmentation de nombre de points suivant x et y comme dans le cas où la charge nette était égale à zéro. Les distributions du potentiel issues de la technique de la FFT et de la sur-relaxation sont représentées sur les figures (II-4-b) et (II-4-c). L'erreur relative entre les résultats issus de la FFT et la méthode de sur-relaxation est de l'ordre de $5 \cdot 10^{-4}$ % (voir figure (II-4-d)).

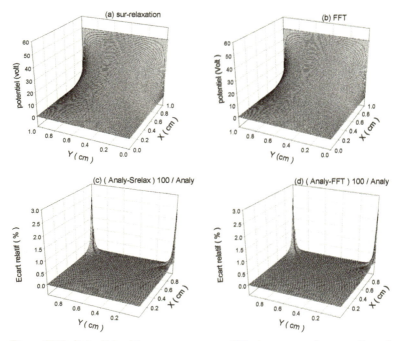

Figure(II-3): *Potentiels obtenus pour: nx=ny=100 et pour une charge nette nulle par méthode: (a) de Sur-relaxation, (b) la méthode FFT. Comparaison avec l'écart relatif des résultats des deux méthodes avec la solution analytique: (c) avec la méthode sur-relaxation et (d) avec la FFT*

37

	Méthode de la FFT	Méthode de sur-relaxation
	Temps de calcul réduit	
nx=ny=50	1.00	29.82
nx=ny=100	1.00	110.00
nx=ny=150	1.00	230.50
nx=ny=200	1.00	285.04

Tableau(II-2) : *Comparaison du temps de calcul entre la méthode de la sur-relaxation et la méthode de la FFT pour la résolution de l'équation de Poisson avec une charge non nulle.*

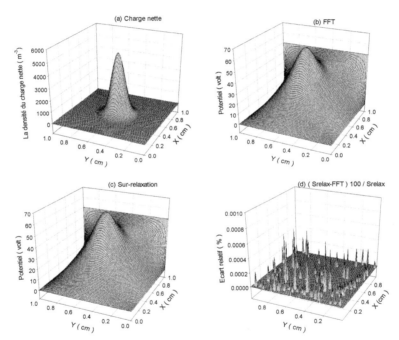

Figure (II-4): Potentiel obtenu pour: nx=ny=100 avec une charge nette non nulle (a). par les méthodes: de FFT (b) et de la sur-relaxation (c). Ecart relatif entre les résultats de la FFT et sur-relaxation (d)

En conclusion de cette partie, on peut confirmer que la méthode de la FFT pour la résolution de l'équation de Poisson dans une configuration cartésienne bidimensionnelle est plus précise et plus puissante par rapport aux méthodes itératives.

II-6   Organigramme synoptique de la décharge luminescente en 2D

Vu la complexité du code numérique développé dans le cadre de ce travail. On a préféré présenter sur la figure (II-5) l'organigramme de la simulation de la décharge luminescente en 2D. Cette figure résume d'une façon succincte la procédure suivie dans notre code numérique pour la détermination des caractéristiques de la décharge luminescente.

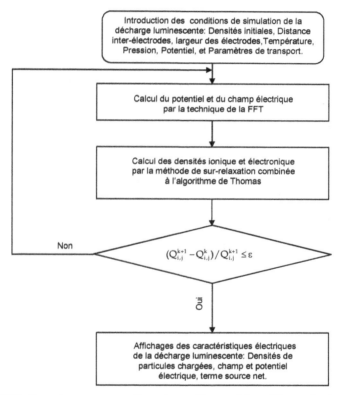

Figure (II-5): *Organigramme synoptique du modèle numérique 2D pour la simulation de la décharge luminescente ($Q_{i,j}^k$ est une variables physique à l'instant k).*

II-7   Conclusion

Dans ce chapitre nous avons présenté le modèle fluide utilisé dans notre code numérique pour la modélisation en 2D d'une charge luminescente dans l'argon en régime continu basse pression. Ce modèle est basé sur la résolution des deux premiers moments de l'équation de Boltzmann couplés d'une façon auto-cohérente à l'équation de Poisson. Dans ce chapitre, nous avons développé les outils numériques nécessaires à la modélisation de ce type de décharge électrique. Nous avons montré que la technique de la FFT pour la résolution l'équation de Poisson est plus précise et plus puissante que la méthode de sur-relaxation. La résolution des équations de transport après discrétisation par la méthode des différences finies à flux exponentiel est effectuée par la technique de sur-relaxation combinée à l'algorithme de Thomas pour la résolution des matrices tridiagonales. Ces schémas numériques utilisés dans notre code numérique, satisfont donc à notre objectif de départ qui était celui de mettre au point un outil de calcul performant pour la modélisation des décharges luminescente en 2D.

CHAPITRE III   **PROPRIETES D'UNE DECHARGE LUMINESCENTE
ENTRETENUE AVEC UN TERME SOURCE
CONSTANT**

III-1 Introduction

Dans ce chapitre, nous allons valider et tester notre code numérique pour la simulation de la décharge luminescente en 2D. Cette validation va être effectuée en comparant nos résultats avec ceux issues du modèle de Lowke et Davies [12]. Dans cette partie du mémoire, une étude paramétrique est effectuée sur le comportement des propriétés de la décharge dans l'argon atomique en fonction de la tension appliquée et de la pression du gaz en prenant un terme source d'ionisation constant.

III-2 Comportement électrique d'une décharge luminescente avec un terme source d'ionisation constant

Dans ce paragraphe, nous allons étudier le comportement électrique d'une décharge luminescente avec un terme source d'ionisation constant. La pression p du gaz dans l'enceinte est égale à 240 (torr) et la température est fixée à 293(°K). Les données de base introduites dans notre modèle numérique sont rapportées dans le tableau (III-1). Le pas d'intégration dans le temps Δt est pris égal à 10^{-9} (s). Ce pas a été déterminé dans le code numérique 1D de la décharge luminescente développé dans notre groupe de travail [25] [26]. Ce paramètre doit être inférieur à $\Delta x/v_+$ (Δx est le pas d'intégration dans l'espace et v_+ la vitesse de dérive des ions) [18]. Toutes les propriétés électriques de la décharge luminescente dans l'argon sont présentées dans ce chapitre à l'état stationnaire pour le régime normal de la décharge.

Dans ce qui suit, nous allons présenter les distributions du potentiel et du champ électrique, du terme source net de production de paires électron-ion, et des densités ionique et électronique de la décharge luminescente en 2D. Le terme source S' dans notre modèle est pris égal à 3.6 10^{16} (cm^{-3} s^{-1}) [12]. Le potentiel à l'anode est fixé à 100 (Volts) et la distance inter-électrodes est égale à 0.3 (cm). Dans notre étude, la largeur des électrodes est égale à la distance inter-électrodes. Le temps maximal de la simulation correspond au temps qu'il faut pour que la décharge atteigne l'état stationnaire en régime normal. Il est égal à 1.36 10^{-5} (s).

Paramètres de transport dans l'argon	Valeurs	Références
Mobilité électronique $N\mu_e$ (V cm s)$^{-1}$	$8.5\ 10^{21}$	[14]
Mobilité ionique $N\mu_+$ (V cm s)$^{-1}$	$3.6\ 10^{19}$	[14]
Coefficient de diffusion Electronique ND_e (cm s)$^{-1}$	$1.7\ 10^{22}$	[14]
Coefficient de diffusion Ionique D_+ (cm^2 s^{-1})	$2.\ 10^2/p$	[03]

Tableau (III-1) : *Récapitulatif des données de base utilisées et leurs références.*

III-2-1   Distribution des densités électronique et ionique

Les figures (III-1) et (III-2) représentent les distributions spatiales des densités électronique et ionique à l'état stationnaire de la décharge. Elles montrent clairement la présence de trois régions distinctes. Il s'agit de la gaine cathodique, de la colonne positive et de la région anodique. La première région est caractérisée par une densité électronique négligeable par rapport à la densité des ions. Ce gradient de densité dans cette région est dû au fait que les électrons se déplacent beaucoup plus rapidement que les ions en présence d'un gradient de potentiel, ce qui entraîne le dépeuplement de cette région par les électrons. La région de la colonne positive (région où se forme le plasma) est caractérisée par des densités électronique et ionique qui sont constantes et quasi égales. Par conséquent, la charge d'espace nette est négligeable. Le maximum de la densité pour les espèces chargées dans cette région est de $2\ 10^{11}$ (cm^{-3}). Dans la région anodique, la densité ionique est relativement importante par rapport à la densité électronique à cause du terme source constant S'. Sur les figures de courbes de niveaux (III-1) et (III-2), les densités électronique et ionique présentent une certaine symétrie de distribution sur l'axe porté au milieu de la largeur des deux électrodes. On appellera dorénavant cet axe: l'axe de symétrie

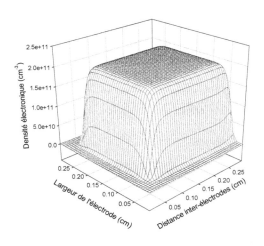

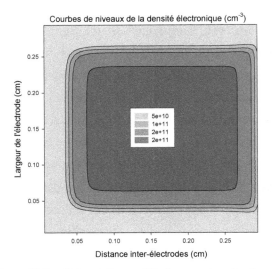

Figure(III-1) : Présentation en 2D et en courbes de niveaux de
la distribution spatiale de la densité électronique à l'état
stationnaire.

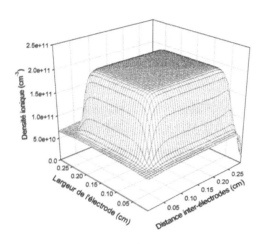

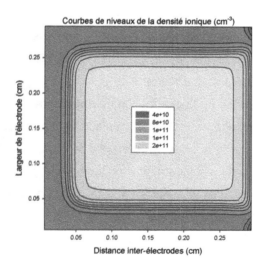

Figure (III-2) : *Présentation en 2D et en courbes de niveaux de la distribution spatiale de la densité ionique à l'état stationnaire.*

III-2-2   Distribution spatiale du potentiel, du champ électrique et du terme source net

Sur les figures (III-3), (III-4) et (III-5) on a représenté respectivement les distributions spatiales du potentiel électrique, et des champs longitudinal et transversal à l'état stationnaire.

Nous remarquons sur la figure (III-3), une importante chute de potentiel dans la région de la gaine cathodique. Cette chute de potentiel est l'une des caractéristiques propre à la décharge luminescente. Dans la colonne positive et la région anodique, le potentiel est quasi constant. La valeur du potentiel dans ces deux régions est presque égale au potentiel appliqué à l'anode. Ce comportement est normal, à cause de la valeur de la densité de charge d'espace nette qui tend vers zéro dans la colonne positive.

La figure (III-4) représente la distribution de la composante longitudinale du champ électrique. Dans la gaine cathodique la variation du champ est linéaire à cause de la chute du potentiel. Le champ longitudinal est quasi nul dans la colonne positive car la variation du potentiel est presque constante. A cause de la forme géométrique des électrodes, les effets de bord au niveau de l'anode sont perceptibles sur cette figure.

La figure (III-5) représente la distribution du champ transversal, c'est-à-dire le champ perpendiculaire au sens de déplacement naturel des particules chargées. On remarque que cette composante du champ est symétrique par rapport à la direction de déplacement longitudinal des particules chargées. Elle change de signe de part et d'autre de cette direction. Cela signifie que ce champ électrique transversal fait dériver vers le centre de la décharge les particules chargées qui ont tendance à s'écarter de son axe de déplacement par diffusion ionique et électronique. Les électrons et les ions sont ramenés sans cesse vers l'intérieur de la décharge tant que celle-ci reste établie.

La figure (III-6) représente la distribution spatiale du terme source net S de production de paires électron-ion à l'état stationnaire. Il est important dans les régions cathodique et anodique à cause du champ électrique régnant dans ces deux régions de la décharge. Dans la colonne positive, le terme source net S diminue à cause de deux processus collisionnels: par recombinaison ionique et par l'absence quasi-totale d'ionisation due aux très faibles variations du champ électrique dans cette région.

III-3   Test de validité du modèle fluide 2D

Dans le chapitre précédant, nous avons présenté notre modèle numérique pour la simulation d'une décharge luminescente en 2D dans l'argon en régime continu. Ce code numérique est basé sur la résolution des deux premiers moments de l'équation de Boltzmann couplés de façon auto-cohérente à l'équation de Poisson. La résolution des équations de transport après discrétisation par la méthode des différences finies à flux exponentiel est effectuée par la technique de sur-relaxation combinée à l'algorithme de Thomas pour la résolution des matrices tridiagonales. Ces équations de transport pour les particules chargées sont fortement couplées à l'équation de Poisson pour la détermination des distributions du potentiel et du champ électrique dans l'espace inter-électrodes. Dans le cadre de ce travail, l'équation de Poisson a été résolue par un algorithme puissant et robuste qui est la technique de la FFT.

Pour valider et tester notre modèle numérique 2D pour la simulation de la décharge luminescente, nous avons effectué une étude de cette décharge dans les mêmes conditions expérimentales et numériques de Lowke et Davies [12]. Dans le modèle numérique développé par Lowke et Davies pour la simulation de la décharge luminescente en 1D dans l'argon, ils ont introduit un terme source constant S' de production de paires électron-ion. Ce terme est indépendant du champ électrique et des variables spatio-temporelles. Le terme source net S utilisé par ces deux auteurs est fonction du temps et de la position x: $S(t,x) = S' + [\alpha(E/N)\, n_e(t,x)\, \mu_e\, E(t,x)] - [\beta\, n_e(t,x)\, n_+(t,x)]$

Avec $[\alpha(E/N)\,n_e(t,x)\,\mu_e\,E(t,x)]$ et $[\beta\,n_e(t,x)\,n_+(t,x)]$ sont respectivement les termes d'ionisation et de recombinaison. Les expressions de $\alpha(E/N)$ et β sont données dans les paragraphes II-3-2-1 et II-3-2-2. La valeur du terme s' est prise égale à $3.6\ 10^{16}$ particules $(cm^{-3}.s^{-1})$ par Lowke et Davies [12].

Toujours dans le souci permanent de valider notre code numérique 2D pour la décharge luminescente, on a utilisé la même expression du terme source net dans notre modèle physique. Dans ce cas le terme source net S va dépendre de la variable temps t et de deux variables positions suivant x et y. Dans ce test de validité, la décharge intervient entre deux électrodes planes et parallèles. Les calculs ont été effectués pour une distance inter-électrodes de 0.3 (cm) et un potentiel à l'anode égal à 100 (Volts). La largeur des deux électrodes est prise égale à la distance inter-électrodes pour des raisons numériques.

Dans les travaux effectués par Hamid et *al* [24] et [25], ils ont montré que pour la même configuration expérimentale, la contribution du terme source d'ionisation dans l'entretien de la décharge luminescente en 1D à l'état stationnaire et très négligeable devant le terme s'. Cette remarque est très importante pour valider notre code 2D, c'est-à-dire que la déchargé est maintenue exclusivement par le terme constant s' (dans notre modèle numérique on a néglige l'effet de l'émission secondaire à la cathode). En conclusion, on doit s'attendre à ce que les propriétés électriques à l'état stationnaire de la décharge luminescente sur l'axe symétrie issues du code 2D soient identiques aux caractéristiques de cette décharge issues du modèle 1D pour les mêmes conditions de simulation. Les résultats du test de validité sont représentés sur la figure (III-7). Cette figure confirme tout à fait nos prévisions. On remarque que les distributions spatiales en régime stationnaire du potentiel, des densités ionique et électronique, et du champ électrique longitudinal au milieu des électrodes sont en très bon accord avec les résultats donnée par Lowke et Davies [12]. En conclusion, on peut dire que notre modèle numérique 2D pour la simulation de la décharge luminescente réagit correctement dans ce cas classique. A notre avis, ce test est l'un des tests de validité le plus simple, et peut être le plus probant.

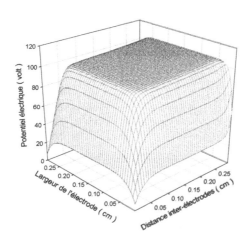

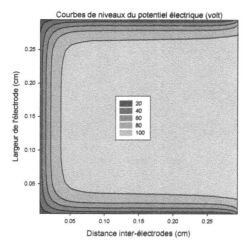

Figure (III-3) *: Présentation en 2D et en courbes de niveaux de la distribution spatiale du potentiel électrique à l'état stationnaire.*

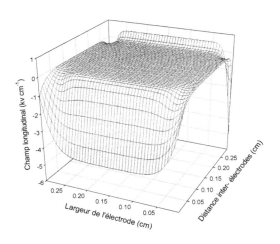

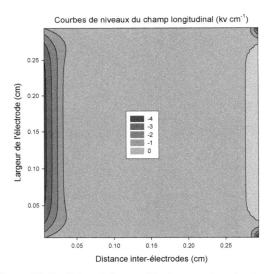

Figure (III-4) : *Présentation en 2D et en courbes de niveaux de la distribution spatiale du champ longitudinal à l'état stationnaire.*

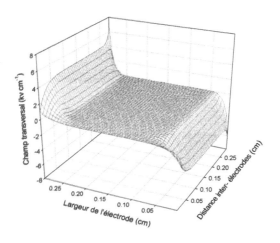

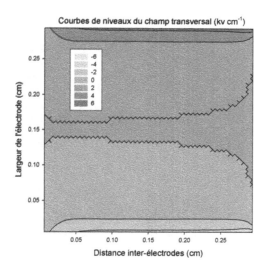

Figure (III-5) : *Présentation en 2D et en courbes de niveaux de la distribution spatiale du champ transversal à l'état stationnaire.*

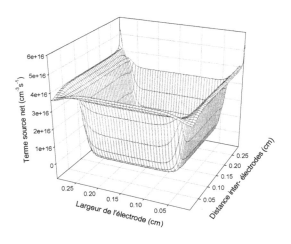

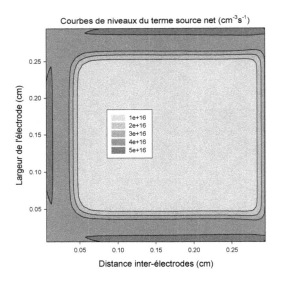

Figure (III-6) : *Présentation en 2D et en courbes de niveaux de la distribution spatiale du terme source à l'état stationnaire.*

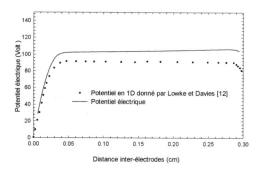

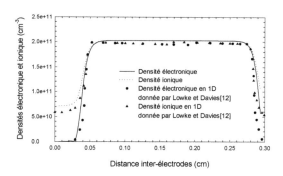

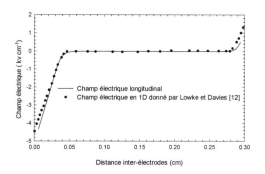

Figure(III-7) : *Comparaison entre les propriétés électriques d'une décharge luminescente dans l'argon issues du code 2D sur l'axe de symétrie avec celles données par Lowke et Davies [12].*

III-4 Etude des propriétés électrique d'une décharge luminescente dans l'argon

Apres avoir valider notre code numérique 2D pour la simulation de la décharge luminescente dans l'argon, nous allons maintenant effectuer une étude paramétrique de l'influence de la tension appliquée à l'anode et de la pression du gaz sur les propriétés électriques de la décharge (les distributions spatiales des densités électronique et ionique, des champs électriques longitudinal et transversal et du terme source net). Dans cette étude, nous avons négligé la contribution de l'émission secondaire à la cathode dans l'entretien de la décharge par rapport au terme source constant S' de la production de paires d'électron-ion.

III-4-1 Effet de la tension appliquée

Dans ce paragraphe, on présente l'effet de la tension appliquée sur les propriétés électriques de la décharge luminescente avec un terme source constant S'. La pression du gaz est fixée à 240 (torr), le terme source S' est égal à $3.6\ 10^{16}$ ($cm^{-3}\ s^{-1}$), la distance inter-électrodes et la largeur des électrodes est égale à 0.3 (cm). La gamme de tensions appliquées est la suivante: 100, 150, et 200 (volts).

III-4-1-1 Influence de la tension appliquée sur les distribution spatiales des densités électronique et ionique

Les courbes de niveaux des densités électronique et ionique à l'état stationnaire sont représentées respectivement sur les figures (III-8) et (III-9). On remarque que le comportement de la décharge luminescente est tout à fait normal, car on voit bien la présence de trois régions distinctes : la gaine cathodique, la colonne positive et la gaine anodique. Dans la région de la gaine cathodique, l'épaisseur de la gaine augmente avec l'augmentation de la tension appliquée. On sait que les électrons sont 100 fois plus rapides que les ions en présence d'un champ électrique. Le dépeuplement de la région prés de la cathode par les électrons devient important avec l'accroissement de la tension. Dans cette région les ions d'argon sont majoritaires. Toujours sur les mêmes figures, on remarque que la surface occupée par la colonne positive diminue avec l'augmentation de la tension appliquée. Ceci est prévisible, car la croissance de la tension entraîne automatiquement l'augmentation des deux composantes longitudinal et transversal du champ électrique. Cet accroissement du champ électrique confine de plus en plus la colonne positive autour de l'axe de symétrie. Les densités ionique et électronique dans cette région sont quasi constantes et indépendantes du potentiel appliqué à cause de la présence dans notre modèle numérique 2D du terme source s'. Les densités ionique et électronique sont égales dans la colonne positive et leurs valeurs atteignent $2 \ 10^{11}$ (cm^{-3}). Dans la région anodique, on remarque que les ions sont relativement majoritaires par rapport aux électrons.

Sur la figure (III-10) sont présentées les distributions spatiales de la densité électronique et ionique sur l'axe de symétrie en fonction de la tension appliquée. On remarque que la densité des particules chargées dans la colonne positive est la même quelque soit la tension appliquée. Ce phénomène s'explique dans notre cas par la présence du terme source constant de production de paires électron-ion dans le but d'entretenir notre décharge luminescente. On remarque également que l'épaisseur de la gaine cathodique augmente avec l'augmentation de la tension, ceci à cause de l'absence dans notre modèle de la contribution de la cathode dans l'entretien de la décharge et du dépeuplement de la région cathodique par les électrons. La figure (III-11) montre clairement que l'épaisseur de la gaine cathodique à l'état stationnaire est quasi proportionnelle à la tension appliquée à l'anode.

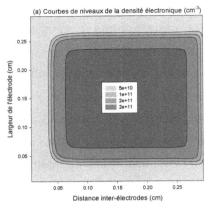

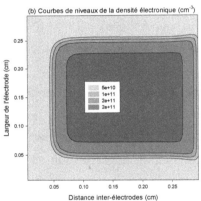

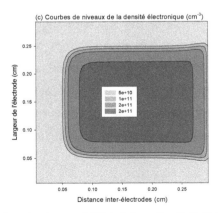

Figure(III-8) : *Courbes de niveaux à l'état stationnaire de la densité électronique pour différentes valeurs de la tension: (a) 100, (b) 150 et (c) 200 (volts).*

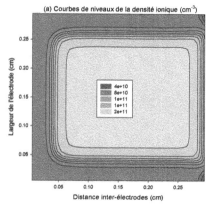

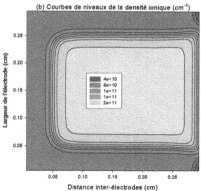

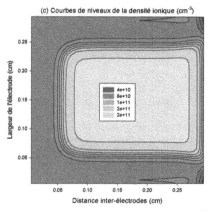

Figure(III-9) : *Courbes de niveaux à l'état stationnaire de la densité ionique pour différentes valeurs de la tension: (a) 100, (b) 150 et (c) 200 (volts).*

57

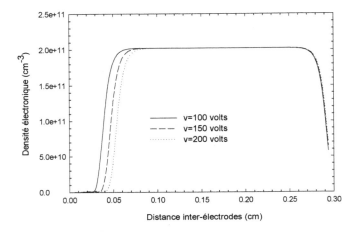

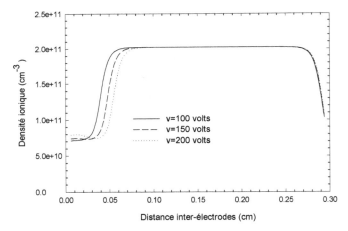

Figure(III-10) : *Effet de la tension appliquée sur la distribution spatiale des densités électronique et ionique à l'état stationnaire sur l'axe de symétrie.*

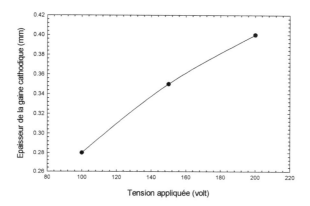

Figure(III-11) : *Variation de l'épaisseur de la gaine cathodique en fonction de la tension appliquée à l'état stationnaire sur l'axe de symétrie.*

III-4-1-2 Influence de la tension appliquée sur les distributions spatiales du potentiel et du champ électrique

La figure (III-12) montre que le potentiel électrique dans la colonne positive est toujours quasi égal au potentiel appliqué. Dans cette région de la décharge luminescente la charge d'espace nette est quasi nulle. La variation de la distribution spatiale de la composante longitudinale du champ en fonction de la tension est représentée sur la figure (III-13). On remarque que le comportement de cette composante du champ en fonction de la tension est tout à fait classique pour la décharge luminescente. Dans la région cathodique, le champ longitudinal augmente en module avec l'accroissement de la tension. La variation spatiale du gradient du potentiel devient de plus en plus raide avec l'augmentation du potentiel anodique. Dans la colonne positive et la région anodique, le champ longitudinal est quasi nul à cause de la charge d'espace. Vu la géométrie des électrodes, les effets de bord deviennent importants avec l'augmentation de la tension.

La figure (III-14) représente la distribution spatiale du champ transversal en fonction de la tension. Cette composante du champ présente une symétrie par rapport à l'axe porté au milieu des électrodes quelque soit la valeur de la tension. Le champ autour de cet axe de symétrie est quasi nul. On remarque aussi que le champ transversal au niveau des parois croît avec l'augmentation du potentiel anodique.

Ce comportement induit un confinement de plus en plus observable de la décharge autour de l'axe de symétrie lorsque la tension augmente.

Les caractéristiques de la décharge luminescente dans l'argon en fonction de la tension appliquée sont reportées dans le tableau (III-2). On remarque que la différence de tension entre la tension maximale dans la région du plasma (colonne positive) et la tension anodique diminue à cause de la charge d'espace nette, c'est-à-dire qu'il y a une neutralité totale qui s'établie entres les charges positives et négatives lorsqu'il y a augmentation de la tension anodique.

Tension anodique V_a (volt)	V_{diff} (volt)	E_L à la cathode (v cm^{-1})	x_L (mm)	S_{max} (cm^{-3} s^{-1})
100	6.22	-4326.7	0.55	4.06 10^{16}
150	5.40	-5468.1	0.60	4.73 10^{16}
200	4.60	-6521.2	0.65	5.75 10^{16}

Tableau(III-2) : Caractéristiques de la décharge pour différentes tensions, V_{diff} est la différence entre la tension maximale et la tension anodique (V_{max}-V_a), E_L est le champ longitudinal et x_L est la distance à partir de laquelle le champ longitudinal s'annule, S_{max} est le terme source net maximal

Pour une meilleure compréhension du comportements de la décharge luminescente dans une configuration bidimensionnelle en fonction de la tension, on a préféré représenter sur les figures de (III-15) à (III-17) respectivement les distribution spatiales du potentiel, des champs longitudinal et transversal et du terme source net. Ces propriétés électriques sont données pour l'axe de symétrie sauf pour la composante transversal. Sur la figure (III-15), on remarque que le potentiel de la colonne positive augmente avec l'augmentation de la tension anodique. Le gradient du potentiel longitudinal dans la gaine cathodique croît en module avec la tension appliquée. Ce champ longitudinal devient plus raide avec l'accroissement du potentiel anodique. La figure (III-16) représente la distribution du champ transversal en fonction de la largeur de l'électrode au milieu de la distance inter-électrodes. La composante transversale du champ présente une symétrie de distribution spatiale. Cette composante du champ augmente au niveau des parois avec la tension appliquée. Le champ transversal dans la colonne positive est nul. La distribution spatiale du terme source net en fonction de la tension est donnée sur la figure (III-17). On remarque que ce terme source varie avec la tension dans la gaine cathodique. Cette variation est due au terme d'ionisation qui devient important avec l'augmentation du champ électrique dans cette région de la décharge. Dans la colonne positive, le terme source net est très négligeable devant la valeur de ce paramètre dans la gaine cathodique quelque soit la tension appliquée. Dans la région anodique, le terme source net est quasi indépendant de la tension anodique.

Dans ce qui suit, on va étudier l'influence de la pression du gaz sur le comportement de la décharge luminescente dans une configuration bidimensionnelle dans l'argon.

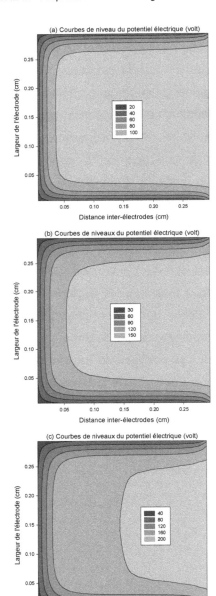

Figure(III-12) : Courbes de niveaux à l'état stationnaire du potentiel électrique pour différentes valeurs de la tension: (a) 100, (b) 150 et (c) 200 (volt).

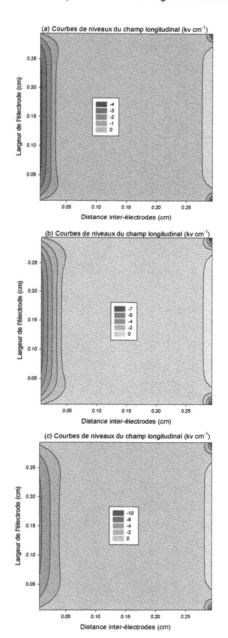

Figure(III-13) : Courbes de niveaux à l'état stationnaire du champ électrique longitudinal pour différentes valeurs de la tension: (a) 100, (b) 150 et (c) 200 (volt).

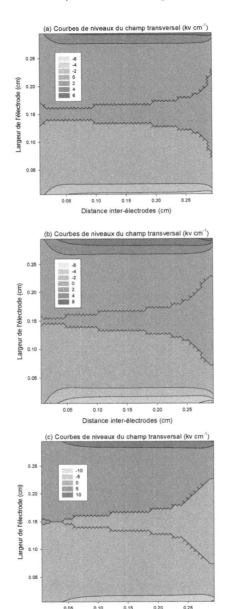

Figure(III-14) : *Courbes de niveaux à l'état stationnaire du champ électrique transversal pour différentes valeurs de la tension: (a) 100, (b) 150 et (c) 200 (volt).*

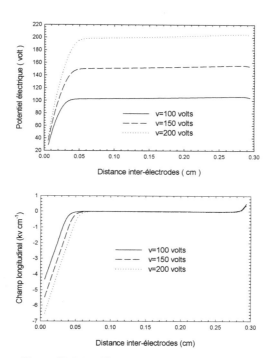

Figure(III-15) : *Effet de la tension appliquée sur la distribution spatiale du potentiel électrique et du champ longitudinal sur l'axe de symétrie.*

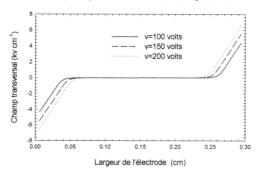

Figure(III-16) : *Effet de la tension appliquée sur la distribution spatiale de la composante transversale du champ au milieu de la distance inter-électrodes.*

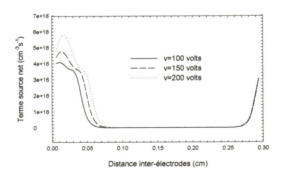

Figure(III-17) : *Effet de la tension appliquée sur la distribution spatiale du terme source net sur l'axe de symétrie.*

III-4-2 Effet de la pression du gaz

Dans ce paragraphe nous allons présenter l'effet de la pression du gaz de l'argon sur le comportement à l'état stationnaire de la décharge luminescente entretenue avec un terme source extérieur constant. La distance inter-électrodes et la largeur des électrodes sont identiques et égales 0.3 (cm). La tension anodique appliquée est fixée à 100 (volts). Le terme source S' est égal à $3.6 \ 10^{16}$ ($cm^{-3} \ s^{-1}$). La gamme des pressions appliquées est la suivante: 240, 300 et 350 (torr).

III-4-2-1 Influence de la pression sur les distributions spatiales des densités électronique et ionique

Les figures (III-18) et (III-19) représentent l'effet de la pression sur les courbes de niveaux à l'état stationnaire des densités électronique et ionique. Le profil des densités de particules chargées est très caractéristique des décharges luminescentes. On constate l'existence de trois régions bien distinctes: la gaine cathodique, la colonne positive et la gaine anodique. Dans la gaine cathode, la densité ionique est relativement importante par rapport à la densité électronique. Vu leurs inerties, les électrons dépeuplent plus rapidement cette zone que les ions positifs en présence d'un gradient de

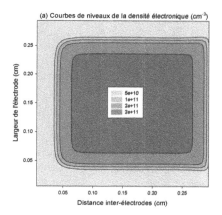

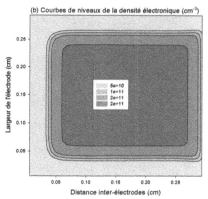

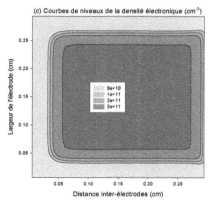

Figure(III-18) : *Courbes de niveaux à l'état stationnaire de la densité électronique pour différentes valeurs de la pression: (a) 240, (b) 300 et (c) 350 (torr).*

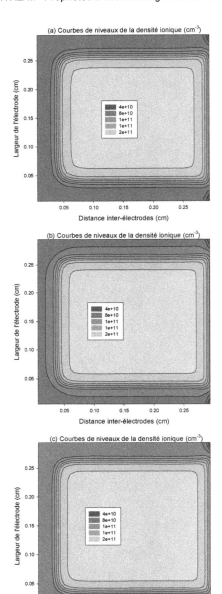

Figure(III-19) : *Courbes de niveaux à l'état stationnaire de la densité ionique pour différentes valeurs de la pression: (a) 240, (b) 300 et (c) 350 (torr).*

potentiel. La surface occupée par la colonne positive augmente légèrement avec la pression. Cette augmentation entraîne une contraction de la gaine cathodique. Les valeurs des densités ionique et électronique sont quasi identiques dans la colonne positive et sont égales à $2\ 10^{11}$ (cm^{-3}) quelque soit la valeur de la pression du gaz. Ceci est prévisible dans le cas où notre décharge luminescente est entretenue par un terme source constant de production de paires ion-électron. Toujours sur les mêmes figures, on remarque que la région anodique se contracte légèrement avec l'augmentation de la pression du gaz. Cette contraction est due essentiellement à l'expansion de la colonne positive. Dans cette région, la densité des ions est relativement plus importante que celle des électrons.

Dans le but de bien cerner le comportement de la décharge luminescente en fonction de la pression du gaz, on va étudier ses propriétés sur l'axe de symétrie.

La figure (III-20) montre l'effet de la pression du gaz sur la variation spatiale des densités électronique et ionique. Dans la colonne positive, le profil des densités électronique et ionique s'élargit en fonction de la pression. On sait que l'augmentation de la pression diminue le libre parcours moyen, cela induit une grande probabilité de faire des collisions d'ionisation. Ce processus collisionnel entraîne une augmentation des densités des espèces chargées. L'expansion de la colonne positive en présence de la pression du gaz a été observée par plusieurs auteurs dans la littérature [21], [22] et [23]. Cet élargissement de la colonne positive va causer la contraction des gaines cathodique et anodique. La figure (III-21) illustre clairement ces observations. On remarque que l'épaisseur de la gaine cathodique sur l'axe de symétrie est inversement proportionnelle à la pression du gaz.

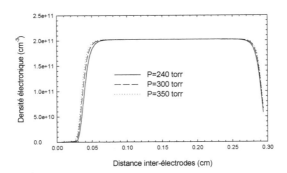

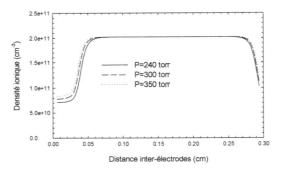

Figure(III-20) : Effet de la pression sur la distribution spatiale des densités électronique et ionique sur l'axe de symétrie.

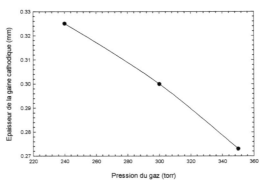

Figure(III-21) : *Variation de l'épaisseur de la gaine cathodique sur l'axe de symétrie en fonction de la pression du gaz.*

III-4-2-2 Influence de la pression sur les distributions spatiales du potentiel et des champs électriques longitudinal et transversal

Les figures (III-22), (III-23) et (III-24) représentent les courbes de niveaux à l'état stationnaire du potentiel électrique, des champs longitudinal et transversal en fonction de la pression. On constate que les trois propriétés électriques en fonction de la pression ont un comportement normal caractérisant la décharge luminescente dans l'argon. D'après ces figures, on conclut que l'influence de la pression est négligeable sur le potentiel et les deux composantes du champ. Dans le cadre de cette étude, on a supposé que la décharge luminescente dans l'argon est entretenue par un terme source constant de production de paires électron-ion. On a aussi négligé la contribution l'émission secondaire d'électrons au niveau cathode. Ces hypothèses de départ introduites dans notre modèle numérique 2D, ne nous permettent pas réellement d'étudier avec une certaine rigueur l'influence de la pression sur le comportement réel de la décharge luminescente dans l'argon. Pour confirmer ces constatations, on a représenté sur les figures de (III-25) à (III-27) respectivement les distributions à l'état stationnaire en fonction de la pression du potentiel et des champs longitudinal et transversal, et du terme source net sur l'axe de symétrie sauf pour le champ transversal au milieu de la distance inter-électrodes. Ces propriétés électriques issues de notre modèle numérique sont quasi indépendantes de la pression pour les raisons évoquées dans ce paragraphe.

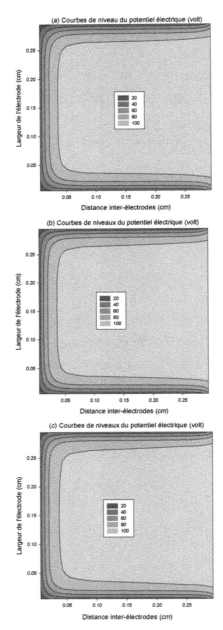

Figure(III-22) : Courbes de niveaux à l'état stationnaire du potentiel électrique pour différentes valeurs de la pression: (a) 240, (b) 300 et (c) 350 (torr).

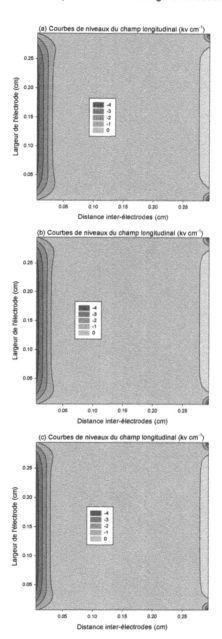

Figure(III-23) : *Courbes de niveaux à l'état stationnaire du champ électrique longitudinal pour différentes valeurs de la pression: (a) 240, (b) 300 et (c) 350 (torr).*

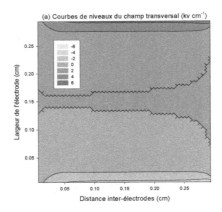

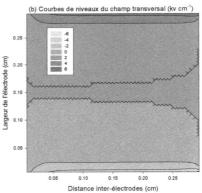

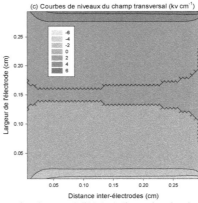

Figure(III-24) : *Courbes de niveaux à l'état stationnaire du champ électrique transversal pour différentes valeurs de la pression: (a) 240, (b) 300 et (c) 350 (torr).*

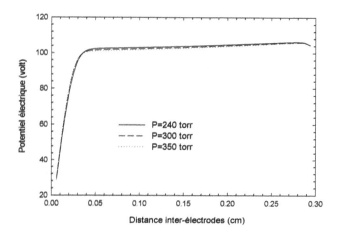

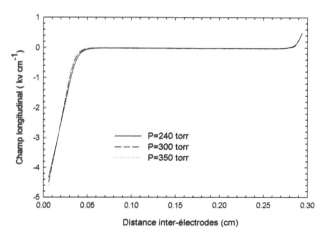

Figure(III-25) : *Effet de la tension appliquée sur la distribution spatiale du potentiel électrique et du champs longitudinal sur l'axe de symétrie. à l'état stationnaire*

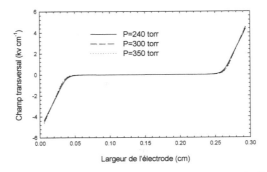

Figure(III-26) *: Effet de la tension appliquée sur la distribution spatiale du champ transversal au milieu de l'espace inter-électrodes à l'état stationnaire.*

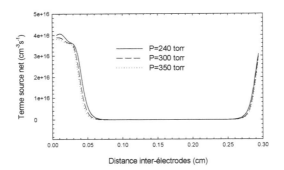

Figure(III-27) *: Effet de la pression sur la distribution spatiale du terme source net sur l'axe de symétrie à l'état stationnaire.*

III-5   Conclusion

Ce chapitre a été consacré à la détermination des propriétés électriques de la décharge luminescente dans l'argon. Cette décharge dans notre modèle numérique 2D est entretenue à l'aide d'un terme source constant de production de paires électron-ion.

Pour légitimer le code numérique que nous avons développé dans le cadre de ce travail; un test de validité est effectué en comparant nos résultats avec ceux issus du modèle 1D de Lowke et Davies [12]. Les propriétés électriques de la décharge luminescente dans l'argon issues de notre code sont en très bon accord avec celles issues du modèle 1D.

Dans cette partie du mémoire nous avons effectué une étude paramétrique sur l'influence de la tension appliquée à l'anode et de la pression du gaz à l'état stationnaire dans le régime normal, des distributions spatiales des densités électronique et ionique, des champs électriques longitudinal et transversal et du terme source net.   Dans le prochain chapitre, nous allons introduire une étude terminologique sur les différents régimes (subnormal, normal, et anormal) de la décharge luminescente.

CHAPITRE IV   ETUDE TERMINOLOGIQUE DE LA DECHARGE LUMINESCENTE EN PRESENCE D'UN TERME D'IONISATION CONSTANT

IV-1 Introduction

Dans le précèdent chapitre, nous avons présenté les différentes propriétés électriques de la décharge luminescente dans le régime normal à l'état stationnaire. Dans ce présent chapitre, nous avons effectué une étude terminologique pour l'état stationnaire de la décharge, entretenue par un terme source d'ionisation constant dans les régimes subnormal et anormal.

Les distributions spatiales des densités de particules chargées dans l'argon pour ces deux régimes sont représentées dans cette partie du mémoire.

IV-2 Etude terminologie de la décharge luminescente

Dans ce paragraphe nous allons présenter les propriétés électriques pour l'état stationnaire des décharges luminescentes subnormale et anormale dans l'argon. Le régime normal de cette décharge électrique a fait l'objet du chapitre III. La simulation des différents régimes de la décharge luminescente par notre modèle numérique est rendue possible par la variation du terme source constant S' et de la tension appliquée. Les conditions de simulation sont identiques à celles du chapitre précédent (paramètres de transport, pression, température, et géométrie des électrodes). Sur le tableau (IV-1), on a représenté les différents régimes en fonction du terme S' et de la tension appliquée.

Dans ce qui suit, nous allons présenter les résultats de la simulation des régimes subnormal et anormal de la décharge luminescente en présence d'une terme source constant S'.

	S' ($cm^{-3}s^{-1}$)	V_a (volt)	V_{diff} (volt)	n_e (cm^{-3})	n_+ (cm^{-3})	$|E_L|$ (v/cm)	L_g (mm)	x_L (mm)
Régime subnormal	$8.0\ 10^{13}$	105	0	$2.39\ 10^8$	$3.16\ 10^9$	643	0.62	-
Régime normal	$3.6\ 10^{16}$	100	6.22	$2.00\ 10^{11}$	$2.00\ 10^{11}$	4326	0.25	0.51
Régime anormal	$3.6\ 10^{17}$	120	5.05	$6.39\ 10^{11}$	$6.39\ 10^{11}$	7512	0.03	0.4

Tableau (IV-1) : *Caractéristiques électriques à l'état stationnaire des différents régimes de la décharge luminescente: V_a , V_{diff} , n_e, n_+, $|E_L|$, L_g, x_L sont respectivement: le potentiel anodique, la différence entre le potentiel maximal dans la décharge et le potentiel anodique(V_{max}-V_a), les densités électronique et ionique, le champ longitudinal sur la cathode, la longueur de la gaine et la position axiale pour laquelle le champ longitudinal s'annule.*

IV-2-1 Décharge luminescente subnormale

Le régime subnormal de la décharge luminescente a été obtenu par notre modèle numérique en modifiant le terme source s' et la tension appliquée. La gamme des valeurs de ces deux paramètres est indiquée dans le tableau (IV-1). Ces résultats nous montrent qu'il y a un déséquilibre entre les maximums des densités ionique et électronique. Ce déséquilibre des densités de particules chargées témoigne de l'absence de la colonne positive dans l'espace inter-électrodes. La figure (IV-1) représente les courbes de niveaux des densités électronique et ionique. On remarque l'absence des trois régions qui caractérisent la décharge luminescente normale, c'est-à-dire les gaines cathodique et anodique, et la colonne positive. On remarque aussi que la surface occupée par les ions et les électrons est différente. Les électrons se trouvent du coté de l'anode avec une distribution spatiale symétrique autour de l'axe de la décharge. Par contre, la distribution de la densité ionique est quasi isotrope dans l'espace inter-électrodes sauf au voisinage de l'anode. Cette distribution spatiale de particules chargées dans l'espace inter-électrodes est peu habituelle dans le régime normal de la décharge luminescente.

Cette situation nous indique que les densités ionique et électronique n'ont pas encore atteint un poids suffisant pour modifier le champ géométrique. Ce dernier étant initialement uniforme à cause de la géométrie des électrodes. On remarque sur la figure (IV-1), qu'il y a un début de formation d'une pseudo colonne positive au voisinage de l'anode et des gaines cathodique et anodique.

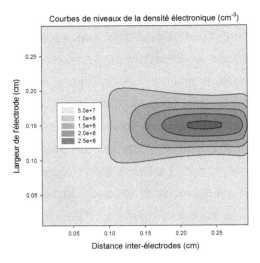

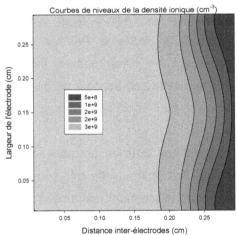

Figure(IV-1): *Courbes de niveaux des distributions spatiales des densités électronique et ionique dans le régime subnormal de la décharge luminescente à l'état stationnaire.*

La colonne positive peut s'étendre progressivement vers la cathode avec l'augmentation du terme source s' et de la tension appliquée. En conclusion de ce paragraphe nous pouvons dire que le régime subnormal de la décharge luminescente se manifeste par un déséquilibre dans la distribution spatiale des densités de particules chargées, ce qui entraîne l'inexistence de la colonne positive. De ce fait nous nous trouvons en présence uniquement de la région cathodique et la gaine cathodique. On peut qualifier le régime subnormal de la décharge comme étant l'état primitif de la décharge luminescente normale.

IV-2-2 Décharge luminescente anormale

Dans la terminologie de la décharge luminescente, il existe trois états de cette décharge: le subnormal, le normal, et l'anormal. L'étude de ces trois états est effectuée en faisant varier le terme source s' et la tension anodique. Dans ce paragraphe, on va essayer d'apporter plus de précisions sur le comportement de la décharge luminescente dans le régime anormal. Pour simuler le régime anormal de la décharge luminescente par notre modèle numérique 2D, on doit augmenter : et le terme source s' et la tension anodique. (Voir tableau (IV-1)). Cette augmentation va entraîner une croissance des densités ionique et électronique dans la colonne positive. La figure (IV-2) représente les courbes de niveaux des distributions spatiales à l'état stationnaire des densités électronique et ionique. Contrairement au régime subnormal, nous remarquons la présence de trois zones propres à la décharge luminescente. Ce sont les gaines cathodique et anodique et la colonne positive. La surface occupée par la colonne positive est très importante par rapport au régime normal (voir figure (III-1)). Cette augmentation de la surface et des valeurs des densités est due essentiellement au terme source s' et à la tension appliquée. Cette expansion de la colonne positive conduit automatiquement à la contraction des gaines cathodique et anodique. Si l'expansion de la colonne positive n'est pas contrôlée, elle peut être très dangereuse pour le maintien du régime de la décharge luminescente. En conclusion, on définit le régime anormal de la décharge luminescente comme une dilatation anormal de la colonne positive qui peut conduire à l'apparition de l'arc électrique dans l'espace inter-électrodes.

Pour faciliter la différentiation entre les trois régimes de la décharge luminescente, on a préféré représenter sur les figures (IV-3) et (IV-4), la variation des densités des particules chargées, la composante du champ longitudinal et le terme source net en fonction de la distance inter-électrodes. Ces distributions spatiales sont données pour l'axe de symétrie (c'est-à-dire au milieu des électrodes suivant la direction y). Le régime subnormal (figure IV-3), est caractérisé d'une part par l'absence de la colonne positive et d'autre part par la pseudo présence des gaines cathodique et anodique. Le régime normal est caractérisé par l'existence de trois zones essentielles qui indiquent la présence d'une décharge luminescente : Il s'agit de la colonne positive et des gaines cathodique et anodique. La décharge luminescente dans le régime anormal a le même comportement que celui du régime normal. Dans le régime anormal, l'espace occupé par la colonne positive est très important par rapport à celui occupé par les gaines cathodique et anodique.

Maintenant on va étudier le comportement du champ longitudinal et du terme source net pour l'axe de symétrie dans ces trois régimes de la décharge luminescente.

La figure (IV-4) montre pour le régime subnormal, que le champ longitudinal est constant et quasi uniforme. Ceci est dû aux densités de particules chargées qui n'ont pas encore atteint une valeur critique pour modifier le profil initial du champ géométrique. Le terme source net dans ce régime est constant dans tout l'espace inter-électrodes et est égal au terme source extérieur s'. Cette situation physique est due essentiellement au champ électrique qui est relativement moins important. De ce fait, la contribution du terme d'ionisation dans le bilan collisionnel de la décharge est négligeable. Ce comportement explique l'absence de la colonne positive dans le régime subnormal de la décharge luminescente.

Toujours sur la même figure et pour le régime normal, on voit que la contribution de la charge d'espace est significative pour modifier la distribution spatiale initiale du champ électrique. Dans la gaine cathodique, on remarque une variation importante du gradient du potentiel dû essentiellement à la présence des ions positifs dans cette région de la décharge. Dans la colonne positive, le champ électrique longitudinal devient nul à cause de la neutralité entre les charges positives et négatives. Dans la gaine anodique, on remarque aussi une variation moins importante du gradient du potentiel par rapport à la gaine cathodique. Le terme source net sur la figure (IV-4) a un comportement normal, c'est-à-dire que ce paramètre réagit correctement en présence d'une fort gradient du potentiel. Ce terme source net est relativement élevé dans les gaines cathodique et anodique à cause de la contribution du terme d'ionisation due à la valeur du champ longitudinal. Dans la colonne positive, ce terme source net est négligeable.

Dans le régime anormal de la décharge luminescente, on observe sur la figure (IV-4) que le gradient du potentiel dans la gaine cathodique devient de plus en plus important avec l'augmentation du terme source s' et de la tension anodique. De plus, on remarque que l'épaisseur de cette gaine diminue par rapport au régime normal. Cette diminution de la gaine cathodique est due à l'expansion de la colonne positive, à cause, essentiellement de l'augmentation du terme source extérieur s' et de la tension appliquée. On remarque que le comportement du champ longitudinal et du terme source net dans ce régime est semblable à ceux du régime normal de la décharge luminescente.

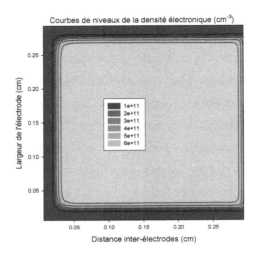

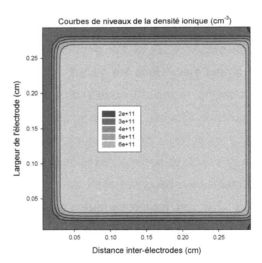

Figure(IV-2): *Courbes de niveaux des densités électronique et ionique pour le régime anormal de la décharge luminescente à l'état stationnaire.*

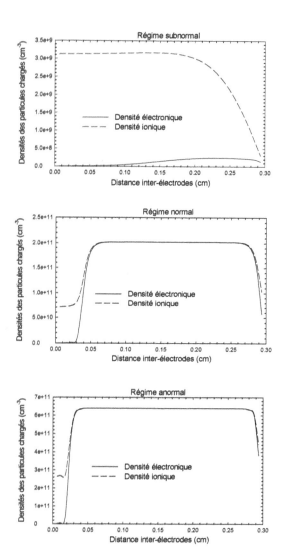

Figure (IV-3) : *Distributions spatiales des densités électronique et ionique sur l'axe de symétrie pour les différents régimes de la décharge luminescente à l'état stationnaire.*

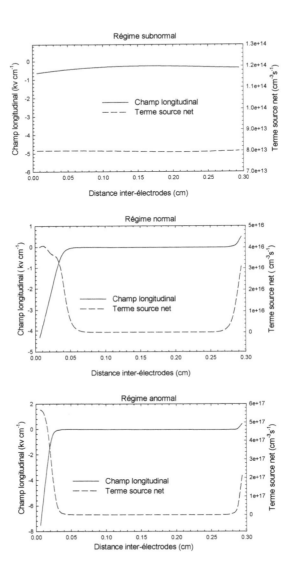

Figure (IV-4) : *Distribution spatiale du champ longitudinal et du terme source net au milieu des électrodes pour les différents régimes de la décharge luminescente à l'état stationnaire.*

IV-3   Conclusion

Dans ce chapitre, nous avons présenté une étude terminologique sur les différents régimes de la décharge luminescente. Il s'agit des régimes subnormal, normal et anormal. Dans cette partie du mémoire, nous avons présenté les distributions spatiales des densités de particules chargées dans les trois régimes, on peut souligner les points suivants:

- Apparition des gaines cathodique et anodique dans le régime subnormal

- Existence des trois régions caractéristiques de la décharge luminescente dans le régime normal : la région cathodique, la colonne positive et la région anodique.

- Expansion exagérée de la colonne positive dans le régime anormal d'où une contraction des gaines cathodique et anodique.

CONCLUSION

Ce travail de recherche a été consacré à l'étude du comportement des particules chargées dans un gaz monoatomique (l'argon) et dans une décharge luminescente. L'objectif était de déterminer par des méthodes de simulation (modèle fluide) les propriétés électriques de la décharge luminescente en deux dimensions en présence d'un terme source constant.

Dans le premier chapitre, nous avons présenté les généralités sur les propriétés d'une décharge luminescente à électrodes planes parallèles. Les différents modèles utilisés pour sa description (le modèle particulaire, le modèle fluide et le modèle hybride fluide–particulaire) sont discutés ainsi que les différentes approximations qu'ils impliquent. Le modèle fluide, que nous avons utilisé dans notre code numérique est basé sur la résolution des deux premiers moments de l'équation de Boltzmann couplés de façon auto-cohérente à l'équation de Poisson.

Dans le deuxième chapitre nous avons présenté le modèle physique pour la modélisation en 2D d'une charge luminescente dans l'argon en régime continu. A cet effet nous avons introduit les équations de conservation des particules chargées à résoudre. Ce sont les équations de conservation classique de continuité et de la quantité de mouvement qui sont couplées à l'équation de Poisson pour tenir compte de la charge d'espace. Nous avons montré que la FFT pour la résolution de l'équation de Poisson est plus précise et plus puissante que les méthodes dites classiques. La résolution des équations de transport après discrétisation par la méthode des différences finies à flux exponentiel est effectuée par la méthode de sur-relaxation combinée à l'algorithme de Thomas pour la résolution des matrices tridiagonales. Ces schémas numériques utilisés dans notre code, ont satisfait donc à notre objectif de départ qui était celui de mettre au point un outil de calcul performant pour la modélisation des décharges luminescente en 2D.

Dans le chapitre trois, nous avons déterminé les caractéristiques de la décharge luminescente avec un terme source constant de création de paires électron-ion dans l'argon pour le régime normal, et étudié l'influence de la tension appliquée et de la pression, sur le comportement de la décharge luminescente. Les résultats présentés concernent les variations spatiales des densités électronique et ioniques, du potentiel, des champs longitudinal et transversal, et du terme source net. Nous avons noté que:

1- Le potentiel électrique dans la colonne positive est sensiblement égal au potentiel appliqué.

2- La variation spatiale du gradient du potentiel devient de plus en plus raide avec l'augmentation du potentiel anodique.

3- Avec l'accroissement de la tension:

a- Le champ longitudinal augmente en module dans la région cathodique, et le champ transversal croît au niveau des parois. Ce comportement induit un confinement de plus en plus observable de la décharge autour de l'axe de symétrie.

b- Le dépeuplement de la région prés de la cathode par les électrons devient important, donc l'épaisseur de la gaine cathodique augmente, ceci à cause de l'absence dans notre modèle de la contribution de l'émission secondaire dans l'entretien de la décharge. D'autre part la surface occupée par la colonne positive diminue.

On remarque que la valeur la densité des particules chargées dans la colonne positive est la même quelque soit la tension appliquée. Ce phénomène s'explique dans notre cas par la présence du terme source constante de production de paires électron-ion.

4- Dans le cas de l'influence de la pression sur décharge luminescente, la surface occupée par la colonne positive augmente légèrement avec la pression. Cette augmentation entraîne une contraction des gaines cathodique et anodique. L'influence de ce paramètre est négligeable sur les distributions spatiales du potentiel et des deux composantes du champ électrique.

Le quatrième chapitre a concerné l'étude terminologique sur les différents régimes de la décharge luminescente dans l'argon. Les distributions spatiales des densités de particules chargées dans les trois régimes (subnormal, normal et anormal), on peut souligner les points suivants:

• Apparition des gaines cathodique et anodique dans le régime subnormal.

- Existence des trois régions caractéristiques de la décharge luminescente dans le régime normal : la région cathodique, la colonne positive et la région anodique.

- Expansion exagérée de la colonne positive dans le régime anormal d'où une contraction des gaines cathodique et anodique.

Dans un futur proche, le code numérique de la décharge luminescente en 2D développé dans ce le cadre de ce travail, va être amélioré dans notre groupe en utilisant un schéma numérique plus sophistiqué que la méthode de sur-relaxation pour la résolution des équations continuités pour les particules chargées. Pour que les propriétés électriques issus de notre code 2D de la décharge luminescente se rapprochent des données expérimentales un couplage est nécessaire entre notre code et le code de Monte Carlo pour l'introduction dans nos calculs des paramètres de transport qui dépendent du champ réduit.

REFERENCES BIBLIOGRAPHIQUES

[1] S.Fridrikhov et S. Movnine, " Bases physiques de la technique électronique ", Edition Mir, Moscou, 1985.

[2] A.L. Ward, Phys. Rev. **112**, 1852 (1958).

[3] A.L. Ward, J. Appl.Phys.**33**, 2789 (1962).

[4] A. Hennad, " Cinétique des ions dans les gaz moléculaires par simulations de monte carlo classique et optimisée : détermination des donnes de base dans l'air ", Thèse de Doctorat, Université Paule Sabatier de Toulouse, France, n° 2458 (1996).

[5] M. Meyyappan and J. P. KresKovsKy J. Appl. Phys. **68**, 1506 (1990).

[6] K. Yanallah " Etude des propriétés d'un plasma basse pression, application a l'étude des lampes ", Thèse de Magister département de physique USTO-MB (2002).

[7] C. Pedoussat " Modélisation auto-coherente de la pulvérisation cathodique dans les décharges luminescentes basse pression ", Thèse de Doctorat, Université Paule Sabatier de Toulouse, France, n°3524 (1999).

[8] J. P. Boeuf, J. Appl. Phys. **63,** 1342 (1988).

[9] A. Fiala " Modélisation numérique bidimensionnelle d'une décharge luminescente à basse pression ", Thèse de Doctorat ès–sciences, Université Paule Sabatier de Toulouse, France, n° 2059 (1995).

[10] W. Schmitt, W. Köhler, and H. Ruder J. Appl. Phys. **71**, 5783 (1992).

[11] Ph. Belenguer, and J.P. Boeuf Physical Review, **41**, 4447 (1990).

[12] J. Lowke and K. Davies, J. Appl. Phys. **48**, 4991 (1977).

[13] D. L. Scharfetter and H. K. Gummmel, IEEE Trans. Electron Devices **16**, 64(1969).

[14] S. Park and D. J. Economou, J. Appl. Phys. **68**, 3904 (1990).

[15] A. Hamani " Modélisation multidimensionnelle des décharges froides haute pression pour l'application aux dispositifs de dépollution des gaz d'échappement ", Thèse de Doctorat , Université Paule Sabatier de Toulouse, France, n° 2392 (1996).

[16] J. P. Nougier " Méthodes de calcul numérique ", 2e édition Masson, Paris, (1985).

[17] CS267: Lecture 15 and 16, Mar 5 and 7 1996 (http://www.cs.berkley.edu)

[18] D. Dupouy " Calcul des paramètres de transport dans l'helium et les mélanges helium-cadmium, détermination autocoherente du champ de charge d'espace dans la région cathodique d'une décharge luminescente ",Thèse de Doctorat de 3ème cycle , Université Paule Sabatier de Toulouse,France, n° 3238 (1985).

[20] L.C.pitchford, and Pérés, K. B. Liland, J. Appl. Phys. 82(1), (1997).

[21] R. BEN GADRI " Modélisation numérique du régime luminescent d'une décharge contrôlée par barrière diélectrique et établie a pression atmosphérique ", Thèse de Doctorat, Université Paule Sabatier de Toulouse, France, n° 2644 (1997).

[22] R. Papoular " Phénomènes électriques dans les gaz ", Monographies DUNOD, (1963).

[23] Y. P. Raiser " Gaz discharge physics ", Springer-Verlag, (1991).

[24] Gambling W.A. and Edels H." The high-pressure glow discharge in air ", Brit.J. Appl.Phys. **5**, 36(1954).

[25] A. Hamid, A.Hennad and M.Yousfi, 1er Conférence Nationale Rayonnement –Matière CNRM1, université de Tébessa, 64 (2003)

[26] A. Hamid, A. Bouchikhi, A.Hennad et M.Yousfi, VIII congrès Plasma de la Société Française de Physique SFP, CEA/Cadarache /France du 5 au 7 mai (2003).

[27] D.B. Graves and K.F. Jensen, IEEE trans. Plasma Science PS-14, 78 (1986)

[28] D.B. Graves, J. Appl. Phys.**62**, 88 (1987)

[29] J.P. Bœuf, Phys. Rev. A **36**,2782 (1987)

[30] M.J.Kushner and D.B. Graves, Editors, Special issue of IEEE trans. Plasma. Sci on the modeling of non equilibrium plasma (1991)

[31] L.E. Kline, Eds. J.W. Gallagher, D.F.Hudson, E.E.Kunhardt and R.J. Van Brunt, Plenum Press, New York ,121 (1990)

[32] A. Garscadden, Mat. Rev. Sco. Symp. Proc., Materials Reseach Society, **165,** 3(1990)